7 · [Shibuya]

I edizione italiana gennaio 2024
Krill Books

Direttore di collana **Adolfo Fattori**
Editing e redazione **Margherita Macrì**
Progetto grafico e impaginazione **Marco Spinelli**
Direttore editoriale **Mino Degli Atti**
www.krillbooks.com

ISBN 9788894477771

PAOLO LANDI

LA DITTATURA DEGLI ALGORITMI

DALLA LOTTA DI CLASSE ALLA CLASS ACTION

PREMESSA

"Qualcosa è andato storto" dice lo schermo di X o di Facebook quando un blocco impedisce di accedere alla nostra piattaforma social preferita. Rimaniamo a guardare la schermata bianca con quella frase-muro tra noi e il mondo. Attimi ipnotici in cui lampeggia una domanda: cos'è che è andato storto nella Rete che doveva lavorare per il progresso e renderci migliori? Cos'ha corrotto lo spirito pionieristico di Internet, che ci avrebbe aiutato a sognare a occhi aperti, visto che le attività della nostra mente – e della nostra memoria – sarebbero state demandate al cloud, dove scaricare dati e informazioni, liberando la nostra materia grigia dal calcolare, dal ricordare e da tutte quelle altre incombenze servili che ci affaticano facendoci perdere tempo?

Il web 1 era decentralizzato, costruito su protocolli aperti che rendevano democratico l'accesso tramite le mail e i siti. Il web 2 era l'Internet delle piattaforme come Google e Facebook, l'inizio della proprietà privata che possiede non più i mezzi ma i "dati" di produzione, da cui dipendono le nostre economie. Il web 3 che si affaccia sulle nostre esistenze ancora (per poco) analogiche è quello che emergerà dalle *blockchain* che nessuno sembra possedere. Promette ricchezza e uguaglianza, con la sostituzione del mondo reale nel metaverso, con il denaro rimpiazzato da una moneta virtuale: tutto di tutti, senza banche, senza portafogli, senza più carte di credito di plastica, con soltanto lo smartphone in mano; senza più board accentratori di potere ma con le decisioni online delegate a tutti i membri della community. Con il metaverso

Internet smetterà di essere un prodotto, diventerà la vita stessa, una realtà sdoppiata e astratta come l'esistenza, una forma di vita alla quale ci stiamo allenando per diventare nuovi prototipi di esseri umani. La locomotiva della storia recente – rubando a Karl Marx una similitudine ottocentesca – è la rivoluzione digitale. È il sovvertimento delle regole che proietta il nostro secolo nella speranza o nell'illusione di un mondo nuovo.

12

IL COMUNISMO DISTOPICO DI CHIARA FERRAGNI

Ci voleva Chiara Ferragni a fornire gli argomenti per aggiornare, centocinquanta anni dopo, l'analisi teorica di Marx che, in *Salario, prezzo, profitto* (1865), preconizzava l'abolizione del lavoro salariato, condizione che il filosofo riteneva indispensabile per la piena emancipazione dei lavoratori. Senza farsi paladina di lotte sociali, senza nemmeno sapere cosa sia lo scontro sindacale come arma di lotta, la leader italiana degli influencer dimostra come il nuovo capitalismo digitale stia subentrando, in maniera indolore, anzi decisamente glamour, alle economie di produzione, sovvertendole. È tipico del capitalismo assumere aspetti sempre nuovi, di pari passo allo sviluppo tecnologico: senza probabilmente saperlo, la Ferragni ha posto le basi per relazionarsi in modo rivoluzionario con sé stessa, la sua forza lavoro, il suo tempo, le sue relazioni con gli altri, fornendo suggestioni inedite nelle considerazioni sul libero mercato. Nell'epoca in cui la qualità della vita diventa passione di massa, la Ferragni è l'epitome del superamento del capitalismo dei consumi, rappresentandone tuttavia la massima espressione, in direzione della fine del lavoro tradizionalmente inteso, nell'affermazione di un iper-liberismo che mischia occupazione e tempo libero, e ridefinendo anche il concetto di plusvalore: perché quella parte del prodotto del lavoro che l'imprenditore trattiene per sé, una volta remunerati i lavoratori salariati, e che costituisce la base dell'accumulazione capitalistica e del profitto, la Ferragni la ingloba totalmente. Lei è l'imprenditrice e l'operaia, lavoro e tempo libero per lei sono la stessa cosa, lavora sempre senza lavorare mai, è essa stessa merce senza smettere di essere individuo: anzi, elevando alla massima potenza il valore di sé come persona.

Marx avrebbe sgranato gli occhi per la meraviglia di fronte a questo comunismo distopico annunciato da una bella ragazza bionda. La Ferragni mette la pietra tombale sul rapporto di proprietà: chi la paga non è più proprietario né del suo tempo né delle sue braccia, lei non è tenuta a fornire alcuna prestazione né alcun tipo di servizio, tra lei e chi la remunera non sembra esserci alcun rapporto di lavoro, tutti e due impegnati a occultare la materialità dello scambio (i prodotti che lei pubblicizza hanno un valore tanto più alto se sembrano "scelti", invece che frutto di un contratto); il valore che la Ferragni produce è intimamente legato al suo "essere lei". Il suo lavoro coincide con la sua vita: nel superamento definitivo del concetto marxiano di alienazione, realizza profitti vendendo, anzi regalando, alla massa le immagini della sua quotidianità, tra figli, marito, predilezioni personali e modi di essere. È il suo gusto che diventa merce. Mentre il capitalismo globalizzato trionfa, il lavoro mette le basi per una trasformazione epocale: ce n'eravamo già accorti quando siamo passati dal fax alle email, dal consumo di tv sull'apparecchio posizionato in salotto a Netflix, compulsato sullo schermo dello smartphone, fino agli acquisti effettuati su Instagram pagando con PayPal, senza nemmeno tirar fuori l'obsoleta carta di credito.

L'economia del nuovo capitalismo digitale è un "niente": si basa su valori immaginari; ciò che la caratterizza è un meccanismo di volatilizzazione delle realtà materiali. Il denaro assume un'importanza esagerata ma "guadagnato con il sudore della fronte", come si sarebbe detto una volta, diventa ridicolo. Si fa strada la convinzione che la libertà non sia altro che il diritto di ciascuno di arricchirsi. Il capitalismo dei consumi, dei prodotti standardizzati, lascia il posto a un'economia di reattività, dove i criteri di competitività abbandonano le caratteristiche analogiche per spiegarsi ricorrendo a termini astratti come qualità, innovazione, brandizzazione, immaterialità. Chiara Ferragni, mentre incarna paradossalmente il materialismo della vecchia società dei consumi, ne decreta la probabile estinzione: ci saranno sempre cose da comprare nei nuovi mercati social, ma la corsa non sarà a procurarsi più merci, bensì ad assicurarsi una vita migliore. Ciascuno diventa padrone del suo modo di vivere, arrivando addirittura a programmare significativamente la procreazione, che può avvenire nella libera scelta di uomini e donne, al di là delle specificità sessuali e di genere e seppellendo per sempre il concetto di riproduzione "per fornire figli al mercato del lavoro". Nel nuovo mercato del lavoro si smette di misurare la quantità secondo il tempo: non più ore, giorni, settimane, mesi ma, come ci ha insegnato l'home working in tempo di Covid, un flusso che annulla l'unità di misura. Se una merce aveva un valore stabilito sulla cristallizzazione del lavoro sociale, corrispondente alle quantità o somme di lavoro impiegate, realizzate, fissate in esse, ecco che la rivoluzione Ferragni sconvolge la filiera. E se un'ora di lavoro di un tecnico equivaleva a due di un operaio, il valore del lavoro di una influencer si calcola sulla quantità di follower che riesce a "ingaggiare", traducendo con questa parola più cruda l'inglese "engagement", che significherebbe anche, più ipocritamente, "impegno, partecipazione".

La Ferragni, sempre pienamente oziosa e sempre pienamente occupata, esempio sincronico di lavoro durissimo e di vacanza infinita, prefigura il futuro di un lavoro che sta già scompaginando le regole gerarchiche: sui social le professioni si equivalgono, il dogsitter e il tecnico IT, il parrucchiere e il promotore finanziario sono uguali; gli indicatori di censo che funzionavano prima appaiono oggi livellati perché i social parlano allo stesso modo, snobisticamente, del lavoro e dell'ozio. #myofficetoday e #lovemyjob sono gli hashtag che esemplificano questo nuovo modo di concepire il lavoro, che non c'entra più nulla con l'etica del sacrificio o con le performance competitive ma che, obbedendo al diktat social della felicità esibita a tutti i costi, mette insieme avvocati e stylist, estetiste e banchieri, chef e ingegneri. Tutti impegnati a dimostrare di divertirsi lavorando, proprio come fa la Ferragni. Sembra quasi che il progresso tecnologico debba mettersi al servizio di questo azzeramento di conflitti, di questa pace sociale, anzi "social", che sembra aver abolito le classi, di questo sovvertimento gerarchico tra scale e valori. Se l'epoca moderna dei consumi era pilotata da un progetto di democratizzazione dell'accesso ai beni commerciali – e si spingevano le persone ad appropriarsene in quantità sempre maggiori – la nuova fase pionieristica del capitalismo, quella che stiamo vivendo, si volge verso la privatizzazione della vita e l'acquisizione di autonomia da parte degli individui nei confronti delle istituzioni collettive. C'entra anche il narcisismo fomentato dai social: ciò che importa di più è l'immagine sociale, mentre l'omologazione digitale fa intendere che un diritto al lusso, al superfluo, a una vita da vivere alla grande, sia oggi possibile. Già Marx si era accorto che non esiste il valore del lavoro, nel senso comune della parola, perché era la quantità di lavoro necessario incorporata in una merce a determinarne il valore. Ma la "merce Chiara Ferragni" che incorpora in sé stessa la forza-lavoro sovverte anche l'assunto di Thomas Hobbes citato da Marx in *Salario, prezzo e profitto*: "Il valore di un uomo – scriveva l'economista-filosofo inglese autore del Leviatano (1651) – è come per tutte le cose il suo prezzo, cioè è quel tanto che viene dato per l'uso della sua forza". Perché gli influencer non vendono la loro forza-lavoro, vendono sé stessi: così facendo il loro valore e il loro prezzo prendono l'apparenza esteriore del prezzo o valore immateriale della loro performance astratta.

Possiamo definire l'economia contemporanea dei consumi un'economia "emotiva", avvolta in un'atmosfera di leggerezza, di gioco, di giovanilismo, di erotismo. In un momento importante di mutazione del lavoro e delle sue regole, dovuto all'accelerazione tecnologica, il nuovo capitalismo digitale spinge anche verso una mutazione antropologica: il modello Ferragni, semplificando, preme verso l'adultizzazione precoce dei giovani e del rifiuto psicologico degli adulti di invecchiare, in uno scenario dove la precarietà e la povertà sono in crescita costante. Non a caso è il reddito di cittadinanza uno dei totem agitati dalla politica: dal "lavorare meno lavorare tutti" al non lavorare affatto mentre, di contro, il tempo dei consumi digitali non conosce momenti di interruzione o di pausa. Lo Stato che si fa carico della sopravvivenza dei propri cittadini non è poi così utopico, se il lavoro come lo intendevamo tradizionalmente si stravolge. Toccherà a un sistema centralizzato darci uno stipendio se, come sembra, vinceranno i software dell'automazione che ci allontaneranno dal lavoro, indirizzandoci verso altre forme di occupazione. Prima la rivoluzione industriale sostituì l'uomo con le macchine, per rendere più efficiente lavoro e produzione. Ecco che siamo quasi pronti a sostituire le macchine con procedimenti di automazione digitale integrati. Secondo una ricerca di McKinsey il 65% delle attività hanno già il potenziale di essere automatizzate, tagliando fasi del processo di produzione, riducendo necessità di stoccaggio e spedizione mentre app, robot e algoritmi saranno in grado di monitorare processi e apportare modifiche.

Chiara Ferragni, con il suo desiderio di divertirsi lavorando, aveva visto lungo: non è più necessario adattarsi alla fabbrica o all'ufficio del futuro perché quella fabbrica e quell'ufficio non esisteranno più. E le stampanti 3D ci introdurranno nel mondo magico delle copie, già celebrato dall'arte con il ready made duchampiano e poi dall'evoluzione del realismo verso l'iperrealismo, dove un dipinto realizzato con la tecnica dei colori a olio su tela, sembra uguale a una fotografia. Nella periferia di Madrid, tra i capannoni industriali, c'è un laboratorio in cui artigiani, artisti, tecnici informatici, designer, comunicatori riproducono le opere dei maestri viventi e quelle del passato. Non solo una copia perfetta delle *Nozze di Cana* del Veronese, per esempio, ma anche i lavori dei contemporanei Irina Nakhova o Steve McQueen. *Factum Arte,* fondata da Adam Lowe, è una sorta di bottega rinascimentale del futuro, che realizza manufatti di arte contemporanea commissionati da artisti famosi per reinvestire i proventi in tecnologia e progetti per la conservazione di opere antiche: robot e artigiani convivono e lavorano fianco a fianco, trattando allo stesso modo incisioni e gelatine high-tech. Il già fatto, il confezionato, il prefabbricato sarà replicabile in 3D, gli oggetti industriali che già l'arte contemporanea, a partire dalla Pop Art, privava delle connessioni con la tradizione artigianale, trasformandoli in puri simboli e esponendoli nei musei, saranno prodotti da noi stessi. Conteremo noi, conteranno le nostre individualità: a questo ci stanno allenando i social, facendoci per il momento esercitare con i like che nutrono il nostro narcisismo ed elevando Chiara Ferragni a modello, adeguando la ricerca della felicità privata a regola di comportamento e, alla fine – il che non sembra proprio un male – esaltando l'individuo e i suoi diritti come fondamento ultimo e norma organizzata della vita pubblica.

POVERTÀ ANALOGICA
E RICCHEZZA DIGITALE

20

La ricchezza, sui social, sembra facilmente conquistabile. Nutriti per anni dalle mitologie dei ragazzini diventati miliardari nei garage della Silicon Valley, abbiamo introiettato il concetto che anche noi possiamo farcela. Chiara Ferragni lo ha ribadito: non serve niente per essere ricchi, lo si può diventare all'improvviso, essendo semplicemente sé stessi. Chiunque stia sui social, soprattutto Facebook ma anche Instagram, sarà incappato, prima o poi, nella richiesta di amicizia di nomi altisonanti, tipo David Rothschild (che a volte ci contatta anche come Jacob) evocativi di banche mondiali, oppure arabeggianti al profumo di petrolio come Abdullah Al-Ahmad; o anche asiatici: e qui sono in azione, a guardare i profili, belle ragazze che si chiamano Jianya Tang o Mia Wong. Tutti ci propongono di diventare ricchi in modo facile, all'inizio prendendola alla larga, cominciando a dialogare con noi: "exciting kicking new projects", "looking forward to sharing ideas and learning more about you"; tutti propongono "profitable business", qualcuno si spinge a dichiarare "I really need you to guide me and be my assistant". Continuando le conversazioni si scoprirà presto che vogliono comunicare via whatsapp, per avere il nostro numero di telefono, propedeutico a un'infiltrazione più profonda nelle nostre vite digitali, per carpire informazioni che servono loro, evidentemente, per fare affari in quella zona d'ombra che Facebook e Instagram riservano, per chi ci casca, alle truffe, all'usura, a traffici poco chiari. I social, nella loro euforia, sono speciali per lucrare sulle depressioni, in senso sia psicologico che economico. Lo fanno cominciando con l'applicare il loro primo comandamento: eccitare lo snob che è in noi, soprattutto in noi follower. Contattati – e in inglese! – da un Rothschild o da uno sceicco, intravediamo subito delle opportunità, invece che un imbroglio. Perché i social sono speciali anche nel frustrare continuamente il bisogno di uguaglianza, che pure sembrerebbero applicare con spreco di democrazia, allevando orde di ansiosi per la propria posizione: i truffatori digitali lo sanno e nelle migliaia di contatti che attivano ogni giorno, qualcuno che risponde lo trovano. E probabilmente anche qualcuno che accetta le loro offerte. A cosa ci abituano infatti i social? Semplificando: a pensare come i ricchi. Anche chi non è ricco su Instagram e su Facebook ha sempre la sensazione di "essere qualcuno". Non siamo ricchi ma i social ci consentono di comportarci virtualmente come se lo fossimo, ci rendono individualisti, solleticando il nostro narcisismo con i like che riceviamo e che restituiamo o non restituiamo, ci disabituano a pensare, diciamo, in termini sindacali. Il tentativo del movimento operaio all'inizio del secolo scorso di liberare i lavoratori dalla povertà, consentendo loro una vita dignitosa, naufraga definitivamente, tra alterne vicende, in questo 2023, quando la società sembra ridursi a offrire due cose: ricchezza o povertà, senza vie di mezzo. E chi vuole sembrare povero su Instagram? Ovviamente nessuno. Chi non può tuffarsi nella piscina della sua villa o in quella di amici, mostrerà sul suo profilo uno scorcio azzurro di quella pubblica. Non è solo una provocazione: i social dicono molto su come la società stia cambiando, sulla radicalizzazione classista che rimpiazza il livellamento auspicato nella post rivoluzione industriale, quando appartenere alla classe media sembrava un obiettivo. Instagram ci allena ogni giorno a ragionare come i ricchi. Nella vita reale si notano dissonanze preoccupanti: monumentali cancelli in ferro battuto sbarrano l'accesso a villette modeste; sofisticati sistemi d'allarme proteggono case dove non c'è niente da rubare; casalinghe qualunque tengono in braccio un barboncino; nelle periferie estreme delle grandi città, dove gli enormi condomini sconfinano in campagne devastate e svincoli autostradali, c'è quasi sempre un ristorante di sushi. Dobbiamo prendere atto di questa mutazione epocale: pochi anni fa, in era pre-tecnologica, si alimentava l'illusione, attraverso la pubblicità, che il possesso di più cose rendesse più felici. Secoli di educazione alla parsimonia gettati al vento in cambio della gratificazione immediata che l'acquisto di una qualsiasi merce poteva dare. Ora anche questa dimensione analogica va a farsi benedire. L'economia virtuale dei social network ci dice che la felicità non sta più nell'accumulo di oggetti, bensì nella sua semplice esaltazione: la diffusione di massa dei beni lascia il posto a una cultura quotidiana dominata dalla mitologia della felicità privata e da generici ideali edonisti. Se n'era accorto, già negli anni '60, Edgar Morin, attirando l'attenzione sulla cultura di massa che orientava la ricerca della salvezza individuale verso il tempo libero e ciò che sembrava veramente nuovo, già in quegli anni, era il progresso di una concezione ludica della vita. Le grandi *corporation* tecnologiche hanno aiutato oggi a perfezionarla, mutando la società delle merci in civiltà del desiderio, dove il benessere materiale è sufficiente che possa essere rappresentato, non essendo poi così importante che esista davvero. Un diritto al lusso che, grazie ai social, diventa preoccupazione quotidiana globale. La rivendicazione di tempo per sé, di momenti di vita ritagliati sui desideri individuali tracima su Instagram, mostrando popoli di ogni etnia e cultura impegnati nella ricerca di una confusa realizzazione personale. Il profilo della figlia ventenne di Woody Allen, che vive nella penthouse del padre in Fifth Avenue, è intercambiabile con quello di una coetanea di qualunque nazionalità, addestrata dall'algoritmo di Instagram a mostrare peluche, cibi gourmet, tramonti, vacanze con il boyfriend. A forza di convincerci che siamo tutti uguali, Instagram ci sta persuadendo che essere, anzi sembrare, è più importante che avere. Anche il denaro perciò si smaterializza. Il processo era iniziato anni fa con il credito a basso costo che aveva alimentato il culto della novità da comprare subito, il "compra adesso, paghi poi"; la plastic revolution delle carte di credito aveva perfezionato il sistema, abituandoci a un uso astratto del denaro. Oggi, nelle società evolute, nei grandi agglomerati metropolitani, tirare fuori una banconota dal portafoglio è sempre di più un gesto desueto. Si compra sui marketplace e sui social e si paga col telefono con un click, mentre si afferma quella riserva di valore, nata e sviluppatasi in Rete, che va sotto il nome di Bitcoin. Appena nata e già a rischio obsolescenza, in via di sostituzione con asset finanziari sempre nuovi. Non una moneta vera e propria, determinata da un Ente centrale né da meccanismi finanziari sofisticati, ma una valuta il cui valore è determinato unicamente dal meccanismo domanda-offerta. Utilizza un database distribuito tra i nodi della Rete che tengono traccia delle transazioni: è un altro modo per abituarci a considerare digitale anche il portafoglio, archiviabile tra poco a reperto archeologico nella sua fisicità, anch'esso sostituito, come la macchina fotografica, la calcolatrice, il lettore cd, lo sportello bancario ecc. dal nostro smartphone.

Mentre la maggioranza delle persone è occupata sui social a sembrare ricca, i veri ricchi, con le loro storie epiche, diventano modelli di una nuova mitologia della ricchezza: basta un'idea per diventare milionari, ci dicono gli Zuckerberg (Facebook, Instagram, Whatsapp, Threads), i Jeff Bezos (Amazon), i Larry Page (Google), gli Elon Musk (X), gli Zhang Yming (TikTok), i Sam Altman (ChatGPT), mentre i Bill Gates e gli Steve Jobs appartengono ormai all'era delle sperimentazioni tecnologiche nei garage della Silicon Valley, un mondo così vicino ma ormai così lontano, surclassato dalle "business idea" di questi startupper giovanissimi, diventati in un batter d'occhio i padroni del mondo. La mitologia vuole infatti che siano soprattutto i giovani a diventare billionaire smanettando sui telefoni. Niente di più obsoleto della retorica della fatica, dei sacrifici, perfino della competitività professionale, per affermarsi nel lavoro: la ricchezza scaturisce da un'idea, che è ciò che devono aver pensato anche i Rothschild, gli Abdullah Al-Ahmad e le Jianya Tang quando ci contattano su Facebook per estorcere del denaro. La "fun morality" vuole che ci si diverta lavorando, al diavolo il mitizzato lavoro di squadra: tutto accade nel cervello di un ragazzo, non necessariamente diplomato a Eton; agli sfigati i lavori che richiedono sforzo fisico e lo stipendio mensile. In questo scenario l'emigrazione dal terzo mondo verso l'Occidente, che potrebbe sembrare non c'entrare nulla con queste considerazioni, è perfettamente funzionale. Quando tutti sono, o piuttosto sembrano, o si sentono ricchi, c'è bisogno di identificare il povero in modo preciso. Quando il virus della ricchezza ha definitivamente colonizzato i nostri cervelli, siamo pronti ad accogliere o a rifiutare sdegnosamente i perseguitati che bussano alle nostre porte. Più l'individualismo social prende piede, più perde significato il concetto di solidarietà. Se proteggo la mia casetta con un cancello alto cinque metri, dimostrando di non avere un'idea sensata del valore delle cose, per quale ragione dovrei dividere quel che ho con degli sconosciuti? L'internazionalismo delle bandiere dei lavoratori viene così sostituito dal globalismo delle immagini sui social, con la lotta di classe derubricata a lotta contro i poveri e i loro simboli, non perché siamo diventati davvero ricchi (conviene ripeterlo), ma solo perché la ricchezza ce l'hanno ficcata in testa. Raccontano che Karl Lagerfeld abbassasse le tendine ai finestrini della Bentley con autista sulla quale viaggiava quando attraversava le periferie di Parigi e le rialzasse solo nei pressi di Place Vendôme. I poveri sono brutti da vedere; la loro immagine, che Lagerfeld rimuoveva, ha cominciato a disturbare anche noi. Nello stesso tempo ci servono, sentiamo la necessità di identificarli, sono il nostro nuovo nemico, perché ci ricordano i nostri fallimenti umani e tendiamo ad addossare loro ogni colpa, nello stesso modo in cui a un ricco perdoniamo tutto. La ragazza cacciata di casa dai genitori magrebini dopo il suo coming out (un fatto di cronaca che risale alla primavera del 2021) ha usato i centomila euro raccolti dal crowdfunding solidale per comprarsi una Mercedes, non proprio un'utilitaria, scatenando l'odio e gli insulti sui social e diventando, da paladina dei diritti e delle libertà, una bieca approfittatrice abbagliata dal lusso. Jean-Paul Sartre constatava, in un saggio sul razzismo scritto negli anni '50, che nel settore dell'edilizia il razzismo non esisteva, era proprio un fenomeno sconosciuto. Uomini di diverse nazionalità lavorano in questo campo da secoli. Già in epoca preindustriale gli artigiani costruttori giravano per tutta Europa e ogni nazione aveva la sua specialità da offrire. Oggi è il substrato popolare e operaio che vota Lega il primo a voler cacciare gli stranieri, tradendo quel nobile passato. Non sono più i detentori dei privilegi a volerli conservare chiudendosi, sono i meno abbienti a confermare questa recrudescenza della guerra tra poveri. Se ne parla nel romanzo di Didier Eriborn *Ritorno a Reims* (2017): l'autore torna nella sua città natale, dopo la morte del padre, e riscopre il mondo che aveva ormai lasciato, rievocando la realtà operaia della sua infanzia e ricostruendo il percorso della sua ascesa sociale per smarcarsi da quel passato, intrecciando il racconto intimo a considerazioni illuminanti sulle classi sociali e sulla loro identità in mutazione.

Mentre la ricchezza sembra sempre di più un'invenzione alla quale preferiamo credere, amplificando sui social le foto del nostro modesto benessere snobisticamente mascherato, i poveri esistono davvero. Ma abbiamo imparato a superare il panico moralista che ci attanagliava in epoca analogica, quando le cose ancora si potevano toccare con mano, e ci riportava alla realtà. Oggi, nell'immaterialità che ci pervade, nella felicità che dilaga sui social, nella ricchezza che sembra finalmente conquistata perché abbiamo imparato a dare valore a un drink sorseggiato davanti al sole che cala e postarlo ci fa sembrare degli happy few, sarà complicato riappropriarci delle nostre autentiche catastrofi e della nostra vera povertà.

LE ECHO CHAMBER DEGLI ALGORITMI

In epoca di #metoo e di #cancelculture, quando escono libri sull'identità inafferrabile del nuovo capitalismo digitale e il dibattito si infiamma sull'uso del o della schwa, la post-verità esige una riflessione laica sulle *echo chamber*, il nome di quei luoghi virtuali dove le idee, le credenze e le opinioni vengono amplificate e rafforzate dalla ripetizione all'interno di un sistema definito. Per i frequentatori compulsivi di X, Instagram, TikTok, Facebook sarebbe difficile orientarsi tra i milioni di post che ogni secondo invadono questi social, attraverso i quali, sempre più spesso ci informiamo: ecco quindi che interviene l'algoritmo, che opera per noi una selezione, proponendoci contenuti che ci piacciono, con i quali siamo d'accordo, che ci fanno sentire parte di un mondo che ama ciò che amiamo e che la pensa come noi. Ci troviamo cioè rinchiusi, spesso senza saperlo, senza averne la consapevolezza, nelle echo chamber, "camere" in cui l'eco del nostro conformismo si riverbera: siamo noi ad aver fornito ai social, sui quali apriamo i nostri profili, una quantità incredibile di informazioni, attraverso la pubblicazione di pensieri e immagini che dicono tutto di noi, cosa preferiamo, cosa acquistiamo, perfino quali emozioni proviamo e di fronte a cosa. Una battuta rivelatrice spiega la potenza dell'algoritmo: "Sei eterosessuale ma Netflix continua a proporti film gay? Forse ti dovresti fare qualche domanda". Perfino certe predilezioni, vere o false che siano, pulsioni profonde, semplici curiosità o desideri rimossi, vengono registrate dall'algoritmo che circoscrive l'ambito delle sue proposte sulle merci che sceglieremo di acquistare. "Merci" è una parola chiave, perché, nei social creati da corporation private anche le parole e le immagini sono considerate alla stregua di merci. Un'immagine pubblicata su Instagram o un'opinione espressa su X ci sembrano forme di libera espressione del pensiero (e certamente lo sono), ma qui sono prima di tutto merci di scambio. Si dice – una frase che quasi non si può più sentire – che se i social sono gratuiti è perché la merce di scambio con chi li possiede, consentendoci di utilizzarli senza pagare, siamo noi (la vulgata vuole che le informazioni che diamo siano inserite in banche-dati, che poi le corporation venderebbero alle aziende). La faccenda è più complessa. La stessa Facebook ha avuto modo di difendersi da questo tipo di accuse sostenendo che i dati personali di ciascun individuo che usa quel social costituiscono un bene extra commercium, trattandosi di diritti fondamentali della persona che non possono essere venduti, scambiati o comunque ridotti a un puro interesse economico. Difficile che una corporation così potente, una struttura di comunicazione così semplice ma insieme così sofisticata, si faccia prendere con le mani nel sacco mentre commercia database. Probabile che lo faccia, che faccia anche questo, ma non è qui il punto. Quello che sfugge è che una nostra foto o una nostra opinione possano essere merci: perché non siamo ancora abituati, noi analogici, nell'epoca del pionierismo tecnologico in cui ci troviamo a vivere, a considerare che un'emozione possa essere un prodotto che qualcuno può vendere. Abbiamo ancora bisogno di vedere qualcosa di concreto, una scarpa, un vestito, un'auto per considerare qualcosa una merce. Difficile realizzare che le nostre opinioni, le nostre immagini e le nostre emozioni sono come un paio di Nike o una Coca-Cola. E invece, così come consumiamo un prodotto commerciale mentre beviamo una

Coca, anche quando postiamo una foto su Instagram o rilasciamo un nostro commento su X, proprio nello stesso modo in cui indossiamo un paio di sneakers o sorseggiamo la nostra bevanda preferita, stiamo consumando un prodotto commerciale. È quindi un sofisticatissimo, ancorché ignoto a noi utenti, sistema di scambio quello su cui si basano i social: per dirlo fuori dai denti, Instagram e X smetterebbero di esistere senza le nostre foto e i nostri tweet. Nell'accordo che stipuliamo con Zuckerberg e gli altri quando scarichiamo le loro app (tutti abbiamo cliccato distrattamente su "Accetta") è sotteso implicitamente questo: noi diventiamo fornitori di merce. Non ci viene detto – nella quantità di altre cose che invece si preoccupano di dirci, soprattutto su privacy e deontologie varie di comportamento – che da noi Zuckerberg si aspetta una fornitura di merce quotidiana e a titolo gratuito, merce che forniremo ma che Zuckerberg non solo non ci pagherà ma che avrà facoltà di rivendere, mettere a reddito o scambiare nei modi che lui riterrà più opportuni allo sviluppo del suo business. La frase che compare in alto quando si apre il nostro profilo Facebook dice: "A cosa stai pensando?", sollecitandoci a esternare il nostro pensiero. Dovrebbe dire: "Cosa ci stai vendendo?", perché quella è l'attività che siamo chiamati a compiere: siamo al mercato, dove ogni mattina i banchi espongono i nuovi arrivi. La nostra quotidiana attività digitale non è altro che l'istituzionalizzazione di una nuova figura di produttore, e nello stesso tempo consumatore, di contenuti. Ecco perché le echo chamber sono cruciali: tutto il sistema dei social è basato sulla condivisione di contenuti, che l'algoritmo seleziona in base a ciò che abbiamo mostrato di prediligere;

i nostri gusti personali diventano sui social una merce incredibilmente preziosa e più i like che ricevo mi convincono che le mie scelte sono giuste, più vedo che molti altri la pensano come la penso io, più sarò disponibile a esprimermi liberamente e, soprattutto, con continuità. Le echo chamber eliminano punti di vista differenti, rafforzano le convinzioni degli user, puniscono la condivisione di commenti dissonanti, accolti sempre con un bassissimo numero di "mi piace" (dalla mia community di riferimento, manovrata dallo stesso algoritmo). Si formano così gruppi di persone che condividono gli stessi sistemi di valori e di credenze, che sono più propensi a ritenere vere (o false) le informazioni che ricevono, che rifiutano la cosiddetta dissonanza cognitiva, quando si trovano costretti a riconoscere come vere affermazioni che contrastano con il loro sistema pregresso di valori e convinzioni. Nel sistema commerciale si chiama fidelizzazione a un prodotto: tendiamo a comprare sempre la stessa marca di yogurt. Sui social tendiamo a seguire le opinioni espresse da quelli simili a noi. Si arriva perciò a un elemento rivelatore del nuovo capitalismo digitale: nonostante sui social ci si riempia la bocca della parola "inclusione"; nonostante l'avvento di Internet abbia facilitato l'accesso a una massa di informazioni mai vista, generando l'illusione che, senza mediazioni, questa libertà di espressione fosse una nuova possibilità di conoscenza, precedentemente prerogativa delle élite; nonostante i social si presentino sempre come custodi zelanti della democrazia, ciò che il nuovo capitalismo digitale cerca è il vecchio e risaputo concetto divisivo "divide et impera". Meglio le donne del #metoo contro gli uomini che tutti e due, uomini e donne uniti, insieme per la lotta alle ingiustizie che affliggono il genere umano. Meglio identificare un'ingiustizia con una connotazione di genere sessuale, piuttosto che di classe. Disturbano fino a un certo punto le "dieci frasi che le donne non vogliono più sentire", perché una donna che non vuole più sentire un uomo che le dice "stai zitta" è più funzionale al sistema di incitamento all'odio che i social promuovono. Meglio l'odio, da esprimere liberandosi e vendicando quelli come noi che non hanno il coraggio di insultare, del civile confronto delle idee. Meglio le polemiche sullo o sulla schwa, che tranquillizzano con un esorcismo facile le nostre coscienze di persone evolute ("mettetevi la schwa nel culo" twitta un certo @tuo.albertosuave). Giovanni Battista Boccardo scrive sul sito della Treccani (14 febbraio 2023): "Una presenza pur sempre occasionale in testi scritti, in massima parte mediati da computer, tablet e smartphone, circolanti quasi solo tra compagni di bolla, non significa che realmente lo schwa stia entrando – e possa entrare – nella lingua italiana. Intendo dire di quella che Alessandro Manzoni chiamava la 'lingua davvero', ovvero la lingua di tutti e per tutti gli usi: quindi non solo scritta – né, aggiungiamo a questo punto, solo digitata – ma, prima di tutto, parlata. Perché, ricordiamolo ancora una volta, la lingua la fanno i parlanti, e solo l'uso vivo può sancire il successo di un'innovazione".

Il nuovo capitalismo digitale incoraggia le echo chamber, preferisce comunità divise, perché il potere economico ha paura della dialettica sociale tra poveri e ricchi, che anzi pretende di modernizzare, spostandola su temi civili, come se questi non fossero conseguenza della separazione a monte tra diritti primari e responsabilità politica.

Del resto tutti i social hanno origine dall'io come propulsore del narcisismo necessario a nutrire (to feed) i profili degli utenti. E il pensiero di destra – parafrasando Gilles Deleuze – parte sempre dall'io per arrivare al mondo, è la sinistra che, tradizionalmente, dovrebbe seguire il percorso inverso. L'attivismo digitale non fa altro che rinsaldare le basi di un sistema fortemente reazionario. Crediamo di combattere delle battaglie su X e Facebook e consumiamo invece, malinconicamente, un prodotto commerciale. Umberto Eco scrisse che se ci fosse stato Internet Hitler avrebbe fatto fatica a tenere nascosta l'esistenza di Auschwitz: non che i social stiano dimostrando una qualche possibilità di incidere sul problema globale dei migranti che è diventato, ormai da molti anni, da quando Internet c'era già, l'olocausto contemporaneo, con un milione circa di morti in mare che pesano sulle coscienze dell'Occidente, a prescindere dalle nostre condivisioni social. È impossibile tenerlo nascosto, questo olocausto, ma è anche impossibile fermarlo. È fondamentale quindi ricondurre il sistema dei social network nell'ambito appropriato dell'economia delle merci, togliendogli qualunque velleità salvifica. Solo così possiamo comprenderne anche la valenza politica. La mission di Zuckerberg e soci è quella di farci stare più tempo possibile sui social, non certo quella di far evolvere il nostro pensiero: è la stessa della obsoleta televisione, o del sistema Netflix con le interminabili serie, che vogliono inchiodarci davanti allo schermo per costringerci a vedere più spot. Niente di nuovo. Ma il dogma secondo cui Internet sarebbe il simbolo per eccellenza della libertà di espressione e della democrazia si infrange proprio sul concetto di "consumatori" che, se non sfugge ai proprietari delle corporation, è ammantato, per quanto ci riguarda, da una colpevole ambiguità. Noi utenti dei social network, dobbiamo esserne coscienti, siamo prima di tutto consumatori: di una vita che, sulle piattaforme, impoverisce la cultura democratica, pur espandendo le possibilità di comunicazione. Le capacità dialettiche e di approfondimento, il confronto delle idee, l'articolazione del pensiero sono scoraggiati sui social, dove i video devono durare un minuto, le opinioni devono essere espresse in duecentottanta caratteri e dove abbandoni dopo cinque secondi se il link sul quale sei atterrato non è abbastanza *appealing*. Dove la democrazia è intesa come uguaglianza consumistica: libertà come diritto di scegliere le stesse merci e tra forme diverse di propaganda e persuasione, ora nemmeno di comprarle, anche solo di desiderarle. Niente di moralistico, per carità: le nuove generazioni di nativi digitali sapranno già probabilmente come approfittare di questa velocità, di questa sincronia. Per ora chi vince sui social è l'idea malata di democrazia, il populismo. Nel suo libro *Il capitale è morto, il peggio deve ancora venire* (Nero Editions, 2021) McKenzie Wark, una marxista eretica di origine australiana, ipotizza la nascita di due nuove classi: quella vettoriale, proprietaria dei mezzi di informazione che la massa utilizza quotidianamente, e quella hacker, complessa ed eterogenea, costituita da ingegneri, programmatori, scrittori e creativi. Si assiste attoniti all'impegno improvviso di persone lontane da qualsiasi passione politica, che dall'oggi al domani si fanno sui social paladini di una causa qualsiasi, pescata nel mazzo, di solito quella più vicina alla propria identità, poiché sui social si finisce sempre per parlare di sé stessi. L'attivismo social, nella versione "clicktivism" (il contrario dello "slacktivism", l'attivismo pigro), si scatena sui temi vegani, femministi, animalisti, ambientalisti. Bernard-Henry Lévy ha recentemente parlato della corruzione di Internet che, invece di offrire a tutti il mezzo tecnologico per contribuire all'avventura della conoscenza, "ha creato un chiacchiericcio globale in cui nulla autorizza più a gerarchizzare o a distinguere tra intelligenza e delirio, tra informazione e fake news, tra ricerca della verità e passione per l'ignoranza". Le echo chamber contribuiscono a una radicalizzazione dell'opinione pubblica, dove il pensiero non circola più, ma si rinchiude in aree protette dove è spesso l'odio la scorciatoia per uscirne, allenati come siamo a non riconoscere più avversari politici ma solo nemici. Per questo la disinformazione e le fake news sono diventate la nuova minaccia globale, ma anche questa è una vittoria di Zuckerberg, che vuole i social, nel bene e nel male, sempre al centro della nostra vita e dei nostri pensieri: la bomba atomica (fisica, reale) che alla fine qualcuno sgancerà ci annienterà mentre saremo impegnati in queste discussioni, perfettamente autoreferenziali, come piace a lui.

38

L'INQUINAMENTO DIGITALE

L'ultima novità in fatto di social network, dopo la rapida eclissi di Clubhouse, è stata per un breve tempo Minus, la piattaforma dove si potevano condividere solo cento post. Esaurito questo numero, il profilo restava ma inattivo, non si poteva più fare nulla, in una logica all'incontrario rispetto ai social tradizionali, che voleva ridare valore alle parole o alle immagini, da soppesare nella loro utilità prima di pubblicarle. Naturalmente non era un vero social ma una provocazione di Ben Grosser, un artista e docente alla Illinois University. Aveva risposto con questa invenzione a una richiesta della Arebyte Gallery di Londra per la mostra *Software for Less*, che nell'ottobre 2021 voleva indagare sugli effetti psicologici, culturali e politici delle app social. Grosser, già nel 2012, aveva creato Demetricator, una estensione del browser per eliminare il conteggio dei like sotto ai messaggi condivisi su Facebook, per capire se questa modalità poteva scoraggiare la bulimia social. Il suo gesto artistico prefigura un futuro prossimo in cui qualcuno ci chiederà – come ci hanno già chiesto, per esempio, di non disperdere i rifiuti nell'ambiente – di tenere un atteggiamento responsabile verso la dematerializzazione crescente che caratterizza le nostre vite. Quando mettiamo una foto su Instagram o un commento su X condividendo e mettendo like, quando lavoriamo da casa, quando archiviamo i nostri documenti sul pc, quando entriamo nel network globale che acquista e vende Bitcoin, stiamo dematerializzando. Dematerializzare è il mantra tecnologico che vorrebbe accelerare lo sviluppo sostenibile ottimizzando i processi: l'home working ci evita di spostarci usando auto, metropolitane, treni, aerei e risparmiando quindi carburante, diminuendo l'inquinamento atmosferico; la solitudine nella quale ci confinano i social network, dandoci tuttavia l'impressione di avere una vita popolata di amici, pare molto eco-sostenibile, anche se psicologicamente poco salutare; inviare mail e usare Excel ci abitua a fare a meno della carta, con benefici per la foresta amazzonica; la tecnologia migliora la filiera manifatturiera, riducendo impiego di energia e di materie prime. Il nuovo paradigma del capitalismo digitale considera la rilevante discontinuità nella struttura dei rapporti di produzione, delle relazioni interpersonali e sociali, trasformando il più possibile tutto ciò che è materiale in entità digitale. Nel 2016, a Parigi, centonovanta Paesi firmarono un accordo "per conseguire l'obiettivo a lungo termine relativo alla temperatura [...], raggiungere il picco mondiale di emissioni di gas a effetto serra al più presto [...] e intraprendere rapide riduzioni in seguito, in linea con le migliori conoscenze scientifiche, così da raggiungere un equilibrio tra le fonti di emissione e gli assortimenti antropogenici di gas a effetto serra nella seconda metà del secolo". Il cambiamento climatico che, interessando il nostro pianeta, sotto forma di condizioni estreme come siccità, ondate di caldo, piogge intense, alluvioni, frane, innalzamento dei mari, acidificazione degli oceani, con la biodiversità fortemente compromessa, necessita quantomeno di una presa di coscienza del problema. Ma mettiamo che, in un futuro distopico, Greta Thunberg venga presa in parola e tutti – dal cittadino che non getta più il pacchetto di sigarette vuoto dal finestrino della macchina ma lo smaltisce educatamente nei cestini della raccolta differenziata, ai governi di tutti gli Stati che abbassano le loro emissioni, investono in tecnologie, assumendo come impegno quotidiano la protezione dell'ambiente –, immaginiamo, dicevamo, che tutti mantengano, sempre, un atteggiamento costantemente virtuoso. Ipotizziamo anche uno scenario in cui la procreazione diminuisca a livelli tali da riportare la popolazione mondiale a standard pre-moderni e, contemporaneamente, l'idea sovranista vinca, impedendo qualunque forma di emigrazione/immigrazione. Si avvererebbe forse così la profezia che lo scrittore Benjamin Labatut ha rappresentato in *Un verdor terrible* (tradotto da Adelphi recentemente con il titolo *Quando abbiamo smesso di capire il mondo*): "Le piante, nutrite all'eccesso da un'umanità in soggezione, sarebbero state libere di crescere a oltranza, proliferare ed espandersi sulla superficie della Terra fino a ricoprirla interamente, soffocando qualsiasi forma di vita sotto una terribile cappa verde".

Questa immagine fantascientifica paradossale è perfetta per spingerci a fare considerazioni che ci riportano all'origine di questo discorso: mentre sembriamo tutti impegnati a raggiungere la così detta neutralità carbonica entro il 2050, (quasi) nessuno mette in guardia sui pericoli della dematerializzazione, dove la particella "de" usata in funzione privativa, vorrebbe togliere materia a tutto ciò che è tridimensionale. Ricopriremo i grattacieli e le città di boschi verticali senza accorgerci che un altro nemico, difficile da riconoscere perché dematerializzato, attenta al nostro equilibrio biologico. L'invisibile inquinamento delle nostre foto su Instagram, delle nostre quotidiane opinioni su X, degli sproloqui cui ci abbandoniamo su Facebook, i dati che forniamo a Linkedin sulle nostre storie professionali, i video imbarazzanti su TikTok, la condivisione dei colori che ci piacciono su Pinterest, i follower da acchiappare su YouTube e su Twitch: tutto questo "torpor terrible", parafrasando Labatut e intendendo l'ottundimento delle facoltà psichiche che ci ipnotizza quando stiamo sui social, crea danni. La dematerializzazione fa bene da una parte, ma è pericolosa da un'altra. Nessuna tecnologia è neutrale, nessuna è gratis, nemmeno le app inventate da Zuckerberg, al contrario di quanto lui vorrebbe farci credere. Ce ne accorgiamo anche quando accendiamo il pc: una specie di vento, il soffio di un organismo in affaticamento, accompagna per qualche secondo la connessione che illumina lo schermo (mentre, fuori, il cerchio rosso del contatore elettrico immaginiamo giri vorticosamente). Pare che l'energia che consumiamo per usare tutti i device digitali presenti sul pianeta (smartphone, server, terminali, reti ecc.) cresca al ritmo del 10% l'anno. Ogni informazione, circolando in rete, è inviata da onde elettromagnetiche prodotte da antenne alimentate a corrente, o da fasci che si propagano in fibre ottiche. Google è proprietario di un'infinità di siti, che richiedono enormi capacità di stoccaggio per rispondere ai miliardi di domande che vengono poste ogni frazione di secondo. I grandi server che immagazzinano e processano i dati necessitano di imponenti potenze elettriche per funzionare ed essere raffreddati (impiegando, tra l'altro, colossali quantità d'acqua). Ci si spaventa a leggere i dati che Google stesso ha rivelato sul consumo energetico che gli è necessario per fornire i suoi servizi: pari a un quarto della produzione di una centrale nucleare media ogni anno (swissinfo.ch). Gli algoritmi che prendono in carico le informazioni che gratuitamente forniamo a Zuckerberg, Dorsey, Page e Brin, Hoffman, Yiming, Musk, Altman ma anche a Netflix, Dazn, Amazon, le dirottano poi a entità socioeconomiche, politiche, finanziarie, commerciali: dati che hanno un valore enorme per il loro potere di influenzare qualunque nostra scelta, come è enorme la potenza energetica indispensabile per rilasciarli. Comprare Bitcoin causa l'immissione in atmosfera di circa ventitré milioni di tonnellate di CO2 ogni anno, come le emissioni annuali di città come Las Vegas o di piccole nazioni come la Giordania. L'incremento esponenziale del traffico dati tecnologico dovuto alla crescente dematerializzazione è un problema oggi sottovalutato ma serio. Così, mentre crediamo di combattere battaglie ambientaliste sui social, con i nostri tweet indignati e le foto choc, non facciamo altro che consumare un prodotto commerciale, contribuendo all'inquinamento, proprio come quando abbandoniamo la lattina di Coca-Cola nel bosco, gettiamo in mare il sacchetto di plastica coi rifiuti, o schiacciamo con la punta della scarpa un mozzicone. La peculiarità di queste nuove forme di comunicazione sta inoltre nella loro estrema volatilità: tutto si consuma in lassi di tempo sempre più brevi: è l'escamotage ideato per farceli consumare di più. Ne deriva un debito cognitivo allarmante: la quantità di informazioni a nostra disposizione cresce continuamente, impedendo al cervello umano di metabolizzarle, generando danni all'ecologia della nostra mente e alla nostra psicologia, scaraventandoci in un perpetuo senso di inadempienza e di insoddisfazione. Il *digital divide* è fonte di un'altra assurda contraddizione. Nei Paesi avanzati, dove il PIL cresce in media del 2%, la spesa per la digitalizzazione – come riportato dal fisico Roberto Cingolani, già ministro della transizione ecologica – cresce dal 3 al 5% negli ultimi anni. Nei Paesi dove la crescita non c'è, il gap digitale aumenta. Un cittadino americano possiede in media dieci dispositivi digitali, processando circa centoquaranta gigabyte (miliardi di byte) di dati ogni mese, in confronto a un cittadino indiano che, con un solo dispositivo connesso, consuma due gigabyte (invece dei centoquaranta del cittadino medio americano). La digitalizzazione continua a essere un fenomeno non uniformemente distribuito sul pianeta ma il suo impatto ambientale è subìto da tutti. Il politically correct ambientalista ha dunque bisogno di un aggiornamento urgente, se non vogliamo che i sacrosanti allarmi lanciati da Greta finiscano tra i reperti archeologici di Instagram. Una battaglia non esclude l'altra, ovviamente, e ci si può impegnare per la riduzione del CO2 mentre lottiamo per la consapevolezza di quanto sia cruciale nel futuro delle nuove generazioni l'ecologia digitale. Ma, per farlo, bisognerebbe aver chiaro che un comportamento coerente esigerebbe una serie di rinunce, oltre a limitare il bla bla bla istituzionale stigmatizzato da Greta: non ultima quella di chiederci – tanto per cominciare da qualcosa di semplice – quanto siano necessarie le foto che pubblichiamo su Instagram, le opinioni che scriviamo su X, gli sproloqui su Facebook. Buttare il pacchetto di sigarette vuoto nel cestino o resistere al caldo di un'estate normale tenendo spenta l'aria condizionata sembrerebbe più facile. Ma, anche qui, abbiamo delle resistenze

La lotta di classe degli algoritmi si sposta sul terreno del "Proud to be". L'orgoglio di essere qualunque cosa: donna, uomo, nero, grasso, magro, gay, diversamente abile, cattolico, buddista, ateo, ignorante, in un elenco senza fine dello "stay woke" (stai all'erta) nei confronti di presunte ingiustizie sociali e razziali. Non abbassare mai la guardia, in uno stato di allarme permanente verso la sensibilità delle persone, di qualunque persona, che può essere urtata continuamente da parole, atteggiamenti, azioni. Naturalmente, la nascita dello "stay woke" ha determinato immediatamente l'insorgere del suo contrario: "stay awake", usato dagli oppositori dell'ideologia del politically correct, per i quali "awake, not woke" significa stare svegli in tutti i sensi, o "smettere di dormire", anche contestando i movimenti #metoo o #blacklivesmatter, che lo avevano originato, nella loro degenerazione ghettizzante. Trasportare nella cultura italiana questi slogan tipici di quella americana, meno ideologicamente attrezzata rispetto al pensiero più articolato della vecchia Europa, è una forma di colonialismo all'incontrario che ha perfino aspetti divertenti. Un proliferare di asterischi, di schwa, di "u" ("tuttu", invece di "tutti") ha temporaneamente invaso le rivendicazioni scritte da militanti sensibili alle differenze di genere che, secondo loro, vanno rispettate cominciando dal linguaggio, poiché "da qualcosa si dovrà pur cominciare". Più la parola "woke" si diffonde, più rivela le sue contraddizioni. Aumentano i giovani americani volonterosamente impegnati in battaglie per i diritti, tuttavia "woke" finisce sempre per essere riferita a persone alleate delle minoranze ma che appartengono a categorie superiori, intellettuali, benestanti, detentrici di potere: perché bianche, o perché di sesso maschile, o cisgender (che si riconoscono cioè nel genere associato al sesso di nascita), tutte caratteristiche che bastano ai radicali "awoke" per tappare loro la bocca. Così, nell'assenza di qualunque costrutto teorico che ne costruisse le basi, "woke", espressione di un'indignazione emotiva take away, diventa presto un termine per lo più negativo, usato con l'intento di ridicolizzare e attaccare l'impegno fasullo da social network di questi fighetti privilegiati. Sono le piattaforme social, infatti, che hanno il potere di trasformare il confronto delle idee in post, tweet, video, caption violenti, intolleranti e polarizzati. E dopo i conservatori, impegnati a ridicolizzarla, è la sinistra liberal a prendere le distanze dall'ideologia "woke", ritenuta in contrasto con i valori improntati al dialogo a cui si ispirano storicamente i democratici. Si reagisce quindi al complesso di persecuzione affermando l'orgoglio di appartenere a determinate categorie di persone. Mentre si proclama l'orgoglio di essere qualcosa, soprattutto se quel qualcosa ha un'accezione comune negativa, ecco che per contrasto chi si proclama orgoglioso cancella qualunque pretesa di contraddittorio, insorge il tabù della critica, con gli algoritmi al lavoro per rinchiudere ognuno nelle rispettive echo chamber, il dialogo corrotto dall'odio, e Facebook Instagram X TikTok diventano piattaforme divisive che contraddicono gli ideali di amicizia sui quali avevano dichiarato di volersi affermare. L'idea di purezza che il "Proud to be" promuove, come se non si dovesse mai scendere a compromessi, porta al paradosso che il genere umano migliora se soprattutto smette di giudicare, in un mondo ideale dove ognuno possa rivendicare a fronte alta i suoi difetti ("se essere ignorante vuol dire essere contro gli immigrati che mi invadono, allora ebbene sì, sono ignorante"), mentre evidentemente il giudizio critico verso sé stessi trova sempre il modo di autoassolversi. Il capitalismo digitale, sembra incredibile, fa rinascere il corporativismo, quella dottrina che Marx aveva impallinato come espediente dello Stato per reprimere la lotta di classe. La parola deriva da "corporazione", libera associazione professionale e di mestiere, che già si usava nell'antichità romana. Per molto tempo le corporazioni svolsero un ruolo positivo nello sviluppo della società, ma già dal diciottesimo secolo cominciarono a rivelarsi istituzioni antiquate, che ostacolavano lo sviluppo economico, tanto che in Italia (nel 1770 nel Granducato di Toscana, poi nel 1787 nel Ducato di Milano), in Francia (nel 1791 con la Legge Chapelier) e in Inghilterra (nel 1799 con la Combination Law) dovettero essere soppresse, per le difficoltà che frapponevano ai nuovi modi di produzione. L'espansione del capitalismo industriale non mancò di suscitare rimpianti per il mondo preindustriale e la vecchia idea delle corporazioni fu rielaborata, per diventare alla fine dell'Ottocento il nucleo della neonata dottrina sociale dei cattolici che cercavano una via di mezzo tra le esigenze del capitalismo liberale e l'incalzare del socialismo classista. Ma l'idea corporativistica si confaceva molto ai nazionalisti e ai fascisti che la adottarono, i nazionalisti prima, i fascisti poi; le remore democratiche si dissolvono con le ideologie totalitarie e il sistema corporativo viene immaginato come un organismo rigidamente strutturato secondo sistemi gerarchici sotto il controllo e la direzione di uno stato autoritario. Immaginiamo, con un'iperbole, il capitalismo digitale di oggi, quello delle corporation che si contano sulle dita di una mano e che controllano, con le loro diramazioni locali, attraverso le piattaforme, una fetta sempre più grande del genere umano. La sua caratteristica è di essere transnazionale, anzi globale, anche se in Cina o in Russia Facebook e Instagram si chiamano in un altro modo. Fa comodo a questa nuova entità che il genere umano continui a essere diviso, sostituendo alla conflittualità sul piano economico – quella che dovrebbe unire nella solidarietà le persone che fanno lo stesso tipo di lavoro – un altro tipo di competizione, che serve sempre a sfogare gli istinti di rivincita ma innocua, che non scalfisca la fede comune e globalizzata nel nuovo sistema, una sorta di armonica composizione fatta di "mi piace – non mi piace" che illude le masse, direbbe Marx, "di concepire realmente qualcosa senza concepire alcunché di reale". Il nuovo capitalismo digitale appare da un lato come un grande ombrello omologante, dall'altro una pluralità di cose singole, prive di relazioni. Tra queste la separazione della sfera economica dalla sfera politica si rivela come la più pericolosa dal punto di vista della coscienza di classe: quello verso cui spingono gli algoritmi è la consapevolezza corporativa, a compartimenti stagni, frazionando una classe che sarebbe unica, in tanti sottogruppi "proud to be", tanti microcosmi "woke" e "awake" e mettendoli uno contro l'altro a simulare sui social una emancipazione dal sistema che invece gli è perfettamente funzionale.

SORVEGLIARE E PUNIRE.
L'OSSESSIONE DEL LINGUAGGIO

Il capitalismo digitale è così raffinato nel convincerci che il futuro dematerializzato sarà il non plus ultra dell'ecologia e della democrazia, e che i nuovi modi di comunicare che i social network ci hanno insegnato saranno il non plus ultra della partecipazione, che la sinistra perde di vista i suoi obiettivi e si accoda subito all'agenda dettata dalle corporation. Con una classe operaia dispersa e in via di trasformazione che, dove resiste, vota i partiti sovranisti; con un proletariato emergente fatto di individui scollegati, trasformati in padroncini da un capitalismo furbo che li illude di fare lavori in cui possono gestire il loro tempo; con i nuovi modi di fare soldi trasformandosi in influencer o vendendo opere (*soi-disant*) d'arte NFT sulle blockchain; con il modello della finanziarizzazione diffusa che rende obsoleti risparmi e portafogli, la sinistra crede di modernizzarsi, schierando un nuovo tipo di femministe, un nuovo tipo di antirazzisti, un nuovo tipo di ambientalisti, un nuovo tipo di sovversivi anti-sistema.

Poiché la caratteristica di questi nostri tempi è quella di comunicare attraverso i social, trasformando in "evento" qualunque riunione di tipo fisico, da quella condominiale che ormai avviene via Zoom a quella in piazza per protestare contro qualcosa (rarissima, ormai), sembra che le lotte principali che si debbano combattere per l'emancipazione delle persone svantaggiate siano quelle sul linguaggio. Gli spauracchi lessicali diventano agli occhi di questi nuovi combattenti "da tastiera" (per usare un'espressione abusata ma che li fotografa) gli obiettivi contro cui scagliarsi e, se prima c'erano i sindacati a farsi carico dell'istruzione dei lavoratori sui loro diritti, ora ci sono le opinioniste e gli opinionisti di Facebook, X, Instagram e

TikTok a vendicarne le disuguaglianze. L'ammissibilità o la non ammissibilità dell'uso di una parola o di una frase diventano questioni cruciali per i movimenti #metoo, #blacklivesmatter, #fridaysforfuture. Non si può più dire da molto tempo, per esempio, handicappato, negro, cieco, grasso, spazzino. I diritti della donna sembrano essere arrivati al capolinea delle sfumature: dipende da come un uomo si rivolge a una donna il grado di prevaricazione del maschio stesso e quello di sottomissione di lei. Se per esempio un uomo dice a una donna "adesso ti spiego", ecco che si fanno evidenti, agli occhi delle sentinelle del politicamente corretto, i sintomi del patriarcato, del maschilismo, financo del disprezzo nei confronti della donna, da sempre considerata inferiore dall'uomo. Il "bla bla bla", stigmatizzato da Greta Thunberg, degli uomini di stato e degli imprenditori riguardo ai pericoli cui è sottoposto l'ambiente in cui viviamo, è sintomatico delle chiacchiere di questa benedetta #cancelculture che gira a vuoto su perifrasi, sinonimi, doppioni lessicali, eufemismi: come se una questione di educazione o di galateo diventasse all'improvviso risolutiva di questioni epocali (risalenti cioè alla notte dei tempi), poiché da sempre il linguaggio contiene ipoteche razziste o intolleranti, o sessiste, o inquinanti. Non che le parole non siano importanti, lo sono. Il linguaggio, scriveva Marx nell'*Ideologia tedesca* (1845-1846), "è la coscienza reale, pratica, che esiste per tutti gli uomini e che dunque è la sola esistente anche per me stesso, e il linguaggio, come la coscienza, sorge soltanto dal bisogno, dalla necessità di rapporti con altri uomini". Ogni cosa viene pensata come linguaggio, e comunicata agli altri con lo stesso mezzo; la realtà immediata del pensiero è dunque il linguaggio. In senso generale il linguaggio è un concetto astratto, come il lavoro. In concreto ci esprimiamo in una lingua, usiamo cioè un sistema di segni che, da Gramsci a Don Milani a Dario Fo, è stato considerato sempre un problema per le classi subalterne (Dario Fo scrisse *L'operaio conosce 300 parole, il padrone 1000. Per questo lui è il padrone*, 1969; Don Lorenzo Milani, due anni prima, nel 1967, pubblicò *Lettera a una professoressa*, con la Scuola di Barbiana, dove l'appropriarsi della lingua e dell'istruzione era il primo riscatto per i figli dei contadini di Barbiana). La cultura egemone ha sempre usato, nel corso della storia, la lingua come strumento di sottomissione, per continuare a comandare. In era digitale, con le immagini tornate dominanti, la lingua aggiorna nuovamente in senso divisivo gerghi e modi di parlare o di farsi o non farsi capire. È evidente che esprimersi correttamente, cercando di non offendere nessuno, è la base della convivenza civile. Ma scambiare oggi la decenza del linguaggio con la soluzione dei problemi che un linguaggio inappropriato rivela, incaponirsi cioè su feticci lessicali, è da molti considerato un abuso, un attentato alla libertà di espressione, con l'aggravante di perdere di vista il problema a monte. Le polemiche sul genere e sul politically correct non c'entrano nulla con la profonda critica di Gramsci, Fo, Don Milani, all'uso di una lingua che le classi egemoni adoperavano per preservare il proprio dominio politico, culturale, ideologico, perfino religioso. Qualunque parola si usi, infatti, è il contesto in cui è detta che fa la differenza: è perciò riduttivo riportare tutto a formule, come se l'inclusività (altro termine usurato, quasi impronunciabile oggi) dipendesse paradossalmente da interdizioni e divieti. Frasi che non si vogliono più sentire, parole che non si devono più pronunciare: è tutto un sorvegliare e punire, da parte di élite che si arrogano il diritto di dire cosa è giusto e cosa è sbagliato, il contrario del dialogo che dovrebbe consentire a due persone, e per estensione al genere umano, di capirsi. La sinistra non riesce più a chiamarsi anticapitalista, confusa tra l'adesione alla libertà concessa dai social, che danno a tutti diritto di parola e che vengono scambiati quindi per democrazia collettiva, e l'odio atavico verso i monopoli (che detengono i social) e che provocano uno spiazzamento, perché fanno coincidere le leggi del mercato con la libertà d'espressione (prima il mercato consentiva la libertà di espressione, oggi che i mercati "sono conversazioni" le due forme coincidono). Il mito della sinistra è da sempre cresciuto sull'antagonismo tra i non privilegiati e la classe dirigente al potere. Raffinatezza vuole che il nuovo capitalismo digitale abbia azzerato questo tipo di conflittualità: *keep left* vuol dire oggi appropriarsi della forma corretta delle parole, per sbatterle in faccia a chi fa del linguaggio un uso improprio. Su questo terreno si ritrovano categorie di persone diverse tra loro, ricchi e poveri – con una prevalenza delle élite bianche benestanti – uniti nell'indignazione che trova sfogo nei social. La comunicazione viene perciò falsata dai presupposti fasulli di questo caos ideologico, che il capitalismo digitale incoraggia, perché i milioni di *haters* che si sfogano su X rappresentano comunque una fonte di guadagno, le migliaia che scendono in piazza invece non danno introiti. E c'è una questione che potrebbe essere dirimente: se le comunità dei neri possono tra loro chiamarsi "negro", se quelle gay possono tra loro chiamarsi tranquillamente "frocio", strizzando l'occhio provocatoriamente al secondo livello di lettura, si introduce una complicazione nella già ingarbugliata ideologia: che solo chi appartiene a una determinata minoranza è autorizzato a parlarne, nei modi che riterrà opportuni, tutti gli altri zitti ("è giusto che attori neri interpretino personaggi bianchi e viceversa?" si è domandata recentemente la pensosa comunità *woke*). Nell'atto unico di Jean Genet *Les Nègres*, 1958, degli uomini di colore si mascherano da bianchi e allestiscono una macabra cerimonia, un processo contro uno di loro accusato di aver stuprato e poi ucciso una giovane bianca. I neri che si fingono bianchi si rivolgono direttamente alla platea, rassicurandola sulla loro "vera" identità di attori. Scriveva Genet nelle note di regia: "Questa commedia è scritta da un bianco e destinata a un pubblico di bianchi. Nello sfortunato caso in cui venga rappresentata davanti a un pubblico di neri, una persona bianca (maschio o femmina) dovrà a ogni rappresentazione sedere in prima fila, vestito in maniera formale, in abito da cerimonia: gli attori reciteranno per questa persona. Un occhio di bue dovrà essere costantemente acceso su questo simbolo bianco. Se nessun bianco accetta di rivestire questo ruolo, all'ingresso saranno distribuite maschere da bianco a tutti gli spettatori neri. E se tutti i neri rifiutano di indossarle, si ricorrerà a un manichino". O i neri accettano la lingua dei bianchi, perpetuando in questo modo la loro inferiorità, o la rifiutano per trovarsi davanti a un vuoto linguistico che rappresenta un vuoto filosofico, esistenziale. Mentre sarebbe auspicabile che si allentassero le catene dell'"attento a come parli", per tornare a esprimerci in modo da far capire al nostro interlocutore, semplicemente, cosa intendevamo dire. La tecnologia che promette l'abbondanza sfrutta la potenza di questi nuovi mezzi, che illudono di aver realizzato l'uguaglianza perché ognuno può dire la sua e mettere un like a quella di un altro, mentre un abisso continua a separare la realtà dal mito della condivisione democratica virtuale, così abilmente costruito: non saranno le parole, da sole, a colmarlo.

DALLA LOTTA DI CLASSE ALLA CLASS ACTION

La lotta di classe in era industriale si svolgeva nelle fabbriche e nelle piazze e assemblava operai, impiegati, studenti uniti non soltanto dalle rivendicazioni economiche: queste si accompagnavano sempre a una spinta ideale che guardava al futuro di una società più giusta. I lavoratori sono sempre stati merci, anche quando Marx li metteva sotto il microscopio nel *Capitale* (1867). Anche la forza-lavoro era una merce, poteva cioè essere venduta e comprata. Perciò non deve stupire che nel nuovo capitalismo digitale "le merci siamo noi".

Se sembra tutto gratis, se non si paga per usare i social network e i motori di ricerca, con la Rete che ci consente di accedere gratuitamente a una enormità di servizi, è evidente che lo scambio con chi possiede questi mezzi di comunicazione siamo noi, la massa degli user, gli utilizzatori che, come in era analogica, riunisce operai, impiegati, studenti, disoccupati, precari, cassintegrati, lavoratori flessibili, sfruttati di ogni categoria. A cui si aggiungono, a formare la nuova classe digital-oriented, per usare una terminologia desueta ma ancora esplicativa, il terziario, il terziario avanzato, i professionisti. Siamo noi i nuovi consumatori che il capitalismo digitale smette come per incanto di targettizzare, riunendoci sui social in un'unica grande community interclassista. Tutti pronti ogni mattina a fornire gratuitamente a Zuckerberg e Co. i contenuti di cui hanno bisogno le varie piattaforme digitali, per acquisire le informazioni indispensabili a venderci. Con gli algoritmi impegnati non già a dividerci secondo obsolete categorie economiche, bensì a selezionarci secondo gusti e predilezioni. Sta qui il potere dell'algoritmo: che avvicina Chiara Ferragni alla ragazzina della provincia più sperduta, i poveri ai ricchi, facendo sentire per emulazione ricchi i poveri e lasciando comunque ai ricchi il privilegio di essere esempi da seguire. Quando la ribellione individuale viene incanalata nell'odio social, quando la rabbia smette di cercare alleati orientando gli arrabbiati verso una confusa realizzazione di sé ("siate autentici, siate veri, siate voi stessi!" predicano i social), lo sciopero diventa archeologia e l'iperliberismo delle corporation ci vede finalmente pronti per un aggiornamento della lotta di classe, un modo molto moderno di farsi valere nei diritti lesi: la *class action*. Recentemente su Facebook è apparso un post (che citiamo a memoria, i luoghi sono inventati): "Eri in Autostrada presso Grottammare nei giorni tra il ... e il ... ? Iscriviti alla class action contro Autostrade per l'Italia se ti senti danneggiato dall'insostenibile situazione del traffico nel tratto Pedaso-Grottammare in quel periodo". I cittadini-merci si ricompongono "uniti nella lotta" chiedendo danni a una potenza economica e lo fanno al di là del loro status, della loro professione, di quanto guadagnano, delle condizioni di lavoro che subiscono e anche al di là dei loro gusti e delle loro predilezioni: ciò che li accomuna in questa rivendicazione è un periodo preciso dell'anno e lo stare percorrendo, in quel particolare lasso di tempo, un tratto autostradale dove i lavori impedivano di procedere. La class action diventa uno strumento flessibile al servizio di un nuovo tipo di uguaglianza – ricchi, poveri, occupati, disoccupati, tutti uguali – quella di chi ha subito un torto economico e vuole rivalersi.

Se le classi in cui erano divisi gli uomini appartengono a un passato ormai remoto, i diritti e gli interessi dei consumatori sono più vivi che mai e li compattano in un'entità nuova, una comunità di acquirenti di qualcosa, autorizzata a protestare da una legge che sposta nel Codice di Procedura Civile le azioni che prima erano previste dal Codice dell'Associazione di Difesa dei Consumatori.

È sicuramente un passo avanti che l'ingiustizia, in tutte le sue forme, venga riconosciuta dal legislatore che incoraggia a combatterla: la rivelazione sta nel modificarsi delle forme di lotta che irreggimentano gruppi di individui chiamati a organizzarsi senza alcun programma politico o di prospettiva, semplicemente sulla base della giusta pretesa di essere risarciti per qualcosa che li ha in qualche modo danneggiati.

Frammentare, corporativizzare, dividere, ricompattare per numeri: la matematica degli algoritmi sa fare quello. Nella class action si continua a essere individui separati, casualmente accomunati ad altri diversi da noi, con i quali non avremo mai più a che fare, senza nessun patto che ci unisca e che non sia quello estemporaneo dell'unione che fa la forza.

Sono sempre gli algoritmi a indirizzare la moderna lotta di classe verso #thegreatresignation: la frenesia di licenziarsi dal lavoro che sembra aver contagiato milioni di americani e che sta arrivando anche in Italia. All'origine di questo fenomeno ci sono alcune parole e espressioni chiave: *burnout*, *work life balance*, *no more jobs*, *Yolo economy* (*You only live once*), *well being*, *predictive turnover* e molte altre che, basta cliccarle, ti aprono un universo e, nel momento in cui le clicchi, l'algoritmo si impossessa di te inoculando il tarlo della *great resignation* e proiettandoti nel mondo del "la vita è una sola, perché mai rovinarsela facendo un lavoro di merda". Sembrerebbe una barzelletta, invece è tutto molto serio.

Questo desiderio di licenziarsi che sta dilagando a macchia d'olio viene opportunamente definito da McKinsey "The great attrition", dove la parola "attrition" (logoramento) spiega perfettamente la potenza dello strumento di ricatto in mano a individui disamorati nei confronti delle loro aziende, messe in ginocchio da un *turn over* poco *predictive* (premonitore), che sembra affondare le radici nei vecchi scioperi "a gatto selvaggio" quando, bloccando a scacchiera svariati reparti di una fabbrica, gli operai impedivano di fatto la produzione. Ma, come abbiamo visto, il nuovo capitalismo digitale non prevede né individui né masse organizzate sindacalmente: uno vale uno, ognuno conta per sé, marketing *one to one* (le parole d'ordine mantra della nuova *digital politics and economy*). La novità sta quindi nel fatto che non mi importa combattere una battaglia per l'eventuale miglioramento delle condizioni del mio lavoro che valga possibilmente anche per i miei colleghi; no, se mi gira, mi dimetto, perché conta il mio #wellbeing (benessere), la mia #worklifebalance (l'equilibrio tra lavoro e vita privata), il mio #nomorejobs (l'averne abbastanza di lavorare), il mio #burnout (lo stress provocato da un lavoro che non mi piace).

Sembra che, secondo i dati del Dipartimento del Lavoro degli Stati Uniti, nell'agosto 2021 sia stato raggiunto il record di 4,6 milioni di americani che hanno lasciato volontariamente un'occupazione, spesso senza neppure avere un'alternativa. Provate a cercare su Instagram uno degli hashtag di cui sopra, per esempio #burnout. L'algoritmo vi condurrà tra 3,7 milioni di post (nel momento in cui scrivo: quando leggerete saranno molti di più), in tutte le lingue: "Truque infalivel para eliminar a exaustao mental", "L'hypersensibilité au monde du travail", "Raise your hand if you also need a little pause from life and its stress. A little wine, 5 million dollars, a flat stomach and your own island" ecc. ecc. Un numero considerevole di imprese, sempre secondo il rapporto di McKinsey, ha affermato che la mancanza di personale sta compromettendo la loro capacità di operare. I social network, con la loro felicità esibita, i drink da sorseggiare al tramonto, i #lovemyjob fanno il resto: instillano nei follower la convinzione che il lavoro non serve. Così facendo li trasformano in schegge impazzite, esaltando il loro individualismo e depotenziando, nello stesso tempo, la loro eventuale capacità di rivendicazione contrattuale. Un perfezionamento di quel che si diceva in era pre-digitale, che il lavoro era "una delle attività della vita, non la principale" ma portato alle estreme conseguenze: tra lavoratori che fanno un salto nel buio, mollando *job* che davano loro uno stipendio e imprese che non si rendono conto dei livelli di stress e di sfruttamento cui sono sottoposti i loro impiegati, si fa largo un'idea di mercato del lavoro dove i dipendenti vendono il loro talento (non si può più dire la loro forza-lavoro) ad acquirenti-datori di lavoro, in un rovesciamento epocale: i padroni non sono più proprietari né del tempo né delle braccia o delle menti dei loro sottoposti, diventano invece entità in competizione tra loro per accaparrarsi i talenti migliori o per non farsi sfuggire quelli che hanno già assunto. In Italia nel 2022 il tasso di *turn over* è aumentato del 73%, mostrando nelle aziende forti incapacità di motivare, coinvolgere e trattenere i propri dipendenti. Si scopre che il benessere dei lavoratori non può che essere al primo posto nella lista delle priorità aziendali. Coinvolgerli, farli sentire parte integrante dei processi aziendali, offrendo loro dovute opportunità di crescita professionale, è l'imperativo per attrarre e soprattutto mantenere i talenti. Ai quali la rete sembra aver dato un potere che prima non sapevano di avere: quello di dimettersi, nel mercato del lavoro fluido che caratterizza questa nostra epoca. E mentre i lavoratori prendono sempre più le distanze dalle aziende (alle quali non si affezionano, come facevano una volta i bravi padri di famiglia, cui le aziende assumevano i figli quando andavano in pensione), sempre di più sono prede delle corporation digitali che li manovrano, nella loro inconsapevole adesione ai modelli degli algoritmi predittivi: che hanno la capacità di far succedere qualcosa semplicemente perché una massa di persone comincia a crederci. La #greatresignation come profezia che si autoavvera, nel potere che l'Intelligenza Artificiale ha di farci comportare nei modi che lei stessa prefigura.

LA SCOMPARSA DELLE FABBRICHE E DEGLI UFFICI

La fabbrica fordista non esiste più, è diventata un hub produttivo che dilata i suoi spazi, inglobando al suo interno altre imprese, in grado di integrare con conoscenze specifiche le abilità tecnologiche, demandate a una classe di lavoratori che vede gli operai e gli impiegati riuniti in un nuovo corpo integrato: tutti alle prese con procedimenti automatizzati sofisticati, utilizzando spesso gli stessi computer e tablet, in processi produttivi modernizzati da robot e stampanti tridimensionali.

L'idea stessa di operaio e impiegato sta cambiando velocemente, con la medesima logica di mutazione del prodotto standardizzato, che usciva dalla macchina in un processo ripetitivo di assemblamento delle diverse componenti, e che ora lascia campo libero a specializzazioni, segnate dall'apporto creativo dei lavoratori. Gli uffici HR (Risorse Umane) di queste nuove fabbriche parlano di "ingaggio cognitivo" quando devono assumere, a significare che non c'è più separazione tra chi lavora con le mani e chi con il cervello (si sarebbe detto una volta: dirlo oggi è ridicolo, nell'equivalenza che l'uso digitale di macchine, anche diverse tra loro, comporta). La fabbrica diventa luogo di elaborazione creativa, l'operaio contribuisce con le sue abilità e le sue conoscenze a determinare l'unicità del manufatto, qualunque esso sia, non solo ad assicurarne, come faceva prima, il miglioramento qualitativo. Il lavoratore gerarchicamente subalterno e passivo lascia il posto a una figura che l'algoritmo capisce meglio, nella sua matematica classificatoria: il segmento di un'entità "orizzontale" (la vecchia fabbrica) divisa in linee produttive, in grado di collocare allo stesso livello funzionale i manager, i tecnici, gli operai specializzati che, oggi, l'algoritmo divide attraverso il World Class Manufacturing (WCM), il programma di innovazione di derivazione giapponese che prevede l'impegno di tutti gli attori nel processo di ottimizzazione produttiva. Tutti uguali, nelle diverse mansioni, per trasformare l'impresa da Agente Reattivo (che reagisce quando nasce un problema) e Preventivo (che utilizza le esperienze per evitare il ripetersi di problemi già insorti) in Agente Proattivo (che, utilizzando gli algoritmi del cosiddetto *risk assessment*, utilizza il personale in azioni correttive per prevenire la possibilità che insorga uno specifico problema). Formazione permanente, scambio capitale-lavoro per determinare una situazione di superamento delle divisioni di classe, per arrivare a quella che l'algoritmo classifica come "operazione win win": vincono tutti, il capitalista e l'operaio, uniti nell'eliminazione degli sprechi e delle perdite, perché hanno lavorato insieme per raggiungere lo stesso obiettivo. Logiche "lean" (produzione snella) e "cost deployment" (zero difetti, zero guasti, zero incidenti, zero resi, zero scorte) finalizzati a eliminare le fonti del deficit economico, per imprese modello sempre perfettamente in attivo.

Anche l'ufficio subisce metamorfosi rilevanti: il modello ibrido con *l'home working* imposto dalla pandemia da Covid 19 ha dato il colpo di grazia all'alzarsi al mattino e prepararsi per andare in ufficio. Un po' di anni fa l'ufficio tradizionale era stato messo in crisi da una novità architettonica: i box della tradizione americana, che ospitavano ognuno un impiegato, si trasformavano in open space. Lo spazio aperto, inventato per rendere le persone più produttive e più efficienti, umanizzando la loro permanenza nelle otto ore di lavoro, perché le metteva a contatto con i colleghi, si è trasformato in una specie di fabbrica fordista, proprio mentre questo vecchio modello stava tramontando, cancellato dal progresso tecnologico: l'open space è uno spazio senza pareti, spesso enorme, con gli impiegati seduti davanti a lunghe file di scrivanie, intenti a inviare mail dai pc, illuminati dalla stessa luce artificiale, respirando tutti la stessa aria condizionata. Il coronavirus ha reso queste aree comuni estremamente pericolose per i contagi ma, già da prima, questa soluzione era entrata in crisi: studi recenti hanno dimostrato che l'architettura aperta, invece di stimolare relazioni più empatiche e collaborazioni più profonde, induce gli impiegati a rinchiudersi in sé stessi, per cercare di estraniarsi dal rumore, dalle distrazioni, dalle continue interruzioni indesiderate. Per ignorare l'ambiente circostante gli impiegati degli open space devono compiere sforzi che non sarebbero necessari, e ugualmente inutile e dannoso è il continuo cercare di ritagliarsi una privacy (quando si telefona, quando si parla con qualcuno). L'open space indurrebbe quindi a una continua autocensura nei comportamenti naturali, perché gli impiegati hanno la sensazione di essere costantemente sotto osservazione, finendo per vivere il loro lavoro in modo alienato. L'evoluzione di questo tipo di ufficio, il cosiddetto *hot desking*, che consente a ognuno di sedersi ogni giorno in una scrivania diversa, ha peggiorato le cose. La mancanza di un luogo certo dove stare, il vagabondare da un posto all'altro, risulta spersonalizzante, e si diventa invisibili (poiché non immediatamente collocabili: si può restare assenti per un mese senza che nessuno dei colleghi se ne accorga). Il lavoro a distanza perfeziona il capolavoro del capitalismo digitale, tutto basato sul prevalere dell'unità – intesa come singolarità, il numero uno – come valore, esasperando il senso di isolamento e di solitudine. L'uso dei social network scoraggia gli incontri fisici: il cerchio si chiude con l'home working, nello scenario post pandemico che ha fatto del contactless una regola di vita.

GLI NFT, IL WALLET, LE BLOCKCHAIN

Il processo di dematerializzazione iniziato dal capitalismo digitale procede spedito. Per renderlo fruibile si appoggia a volte a termini familiari, per esempio *wallet* (portafoglio) che, come lo sportello bancario e la carta di credito di plastica, è in via di estinzione, ma che, appunto, fa ancora il suo bravo mestiere traghettandoci verso l'astrattezza delle criptovalute, nel calore domestico emanato da un oggetto che abitualmente teniamo in tasca o in borsa ma che tra poco non esisterà più. Avremo i nostri wallet sulle blockchain (una tecnologia di rete informativa, condivisa e distribuita senza necessità di controlli e verifiche), cui accederemo con chiavi crittografiche (protette, per impedire accessi non autorizzati). Per ogni transazione una chiave pubblica, sulla blockchain, e una privata, in nostro possesso, si confronteranno, per garantire la correttezza, la corretta scrittura, la legittima assegnazione e la veridicità dell'operazione svolta. Passeremo dalle banconote che usiamo tutti i giorni, equivalenti tra loro, con le quali paghiamo una merce che costa cinque euro con una banconota da cinque euro, all'uso di bitcoin (o come si chiameranno in un futuro prossimo) che, non essendo fisici, non corrono neppure il rischio di essere perduti, o manomessi, rubati. Il denaro, la merce specifica scambiabile con qualunque altra, che funge da intermediario nelle vendite e negli acquisti, si smaterializza, facendo emigrare nel *cloud* la misura del valore di scambio di tutte le merci. Ma, ancora più di oggi, il denaro diventerà il valore universale di tutte le cose, con la novità di considerare cose anche le persone, i corpi, le emozioni. Il denaro, essenza del lavoro dell'uomo, non necessariamente retribuirà una prestazione eseguita in un tempo determinato, sarà sottratto alla circolazione alla quale eravamo abituati, senza perdere il suo valore, adeguandosi a una domanda-offerta mutata. Esisterà, ma come se non ci fosse. Come altre volte è accaduto, è l'arte che si fa carico di allenarci a questo step ulteriore verso l'immaterialità. Improvvisamente nel mondo dell'arte si è cominciato a parlare di NFT (*Non Fungible Token*). "Artisti" che si autodefiniscono tali hanno trasformato in NFT un emoticon pixelato e – sostengono – l'hanno venduto per milioni sulle blockchain. Chiunque può mettere in vetrina su un marketplace specializzato in questo genere di opere d'arte una sua idea, in attesa di venderla su una piattaforma di transazioni finanziarie (mentre scrivo una molto nota è Ethereum, ma è probabile che tra poco non esisterà più o sarà sostituita da un'altra). In omaggio all'autoreferenzialità del web 3.0 Ethereum opera al di fuori del mandato delle autorità centrali, delle banche e dei governi. Fa parte di un gruppo di piattaforme blockchain, ma non è solo un network per lo scambio di valore monetario, come accade per le altre criptovalute, ma una vera e propria rete per far girare contratti, che possono essere utilizzati per eseguire una quantità di operazioni: dalle registrazioni dei nomi di dominio alle attivazioni di crowdfunding, fino alla registrazione della proprietà intellettuale: è il mondo degli NFT, gettoni non fungibili (quindi non intercambiabili, non sostituibili) perché appunto unici, che rappresentano insieme l'atto di proprietà e il certificato di autenticità di un bene, sia digitale che fisico, che non può essere scambiato con qualcos'altro né sostituito ma tuttavia vendibile, in cambio di denaro. Qualcosa che ha a che vedere con una nuova creazione di valore, nel futuro smaterializzato che ci aspetta, per quanto una recente scuola di pensiero sostenga che tutta questa immaterialità sia una balla: non ci sarebbe niente di immateriale nel cloud che archivia i nostri dati; né negli algoritmi che ci suggeriscono cosa vedere su Netflix o cosa comprare su Ethereum. Gli NFT leggeri, elementari, feticistici, immateriali, per essere creati impiegano anch'essi una bella quota di energia e sono tutti pezzi unici: possono quindi avere un valore in denaro completamente arbitrario. Proprio grazie a questa loro caratteristica, vengono utilizzati come certificati di autenticità digitali e sono legati a un file presente sulla rete di cui garantiscono l'unicità e il proprietario. NFT e blockchain sono strettamente legati ed è necessario che la blockchain che custodisce un NFT sia in uno stato operativo e funzionale, per certificarne l'esistenza e la veridicità. Qualora la blockchain smettesse di esistere, anche l'NFT smetterebbe di esistere con tutto il contenuto del wallet. La retorica della rivoluzione digitale vuole che alla base di questo aggiornamento di un sistema anticontraffazione ci sia una spinta, chiamiamola "ideale": l'immagine di un gattino, l'abito o la borsa di un marchio di moda importante, il primo tweet di Jack Dorsey, il quadro, il romanzo cambia il suo valore se si "tokenizza", diventando "unico". Per alcuni una rivoluzione. Per altri, come il musicista Brian Eno, "un modo per far diventare anche gli artisti piccoli stronzi capitalisti". Contattato varie volte per fare un NFT della sua musica, Eno ha detto che ha sempre rifiutato, perché per lui vale la pena "fare qualcosa che aggiunge valore al mondo, non solo al conto in banca". E questo qualcosa non lo ravvisa in questo modo nuovo di inserirsi "in un pezzetto di capitalismo globale, la nostra versione casalinga della finanziarizzazione del mondo". La moneta virtuale, l'*ether* (da Ethereum) con la quale si possono acquistare l'emoticon pixelato o i gattini, e le altre criptovalute, sarebbe l'entità nuova che dovrebbe scardinare il sistema delle banche, democratizzando il denaro. Perché l'umanesimo, o la sua parodia, la speranza in una tecnologia salvifica per l'uomo, che lo liberi da qualunque tipo di sfruttamento restituendogli centralità (e anche un'opera d'arte che ognuno può eseguire in due minuti, mettendola a profitto come NFT, può servire: siamo tutti artisti, lo diceva già Warhol) è sempre stato alla base delle convinzioni hippy dei pionieri digitali: poi hanno dovuto abbozzare, rendendosi conto di quanto invece fossero centrali la finanza e il denaro, i veri corruttori dei loro buoni propositi. Internet, panacea della mente contemplativa, sopraffatta prima del suo avvento dalla rumorosa attività meccanica del pianeta, non sarebbe altro che un mondo il cui nuovo capitolo si svolge in un habitat molto preciso e circoscritto: quello del denaro. Nominare il mondo per riconoscerlo, diceva Wittgenstein: "I confini del mio linguaggio sono i confini del mio mondo". Se è curioso informarsi sui modi nuovi di arricchirsi che la tecnologia sembra permettere ai nuovi artisti, resta sempre appassionante la storia senza tempo dell'arte che trova nuove possibilità di esprimersi, anche se con gli NFT sembra "folle disperdere energia per stabilire un 'proof of work', un criterio di autenticità; per produrre, insomma, niente di cui abbiamo veramente bisogno", conclude con saggezza Brian Eno.

LA SOLITUDINE, CONDIZIONE NECESSARIA DELLA SUBALTERNITÀ DIGITALE

Qualcuno lo ha chiamato "il secolo della solitudine", il XXI secolo che, nel principio dei suoi anni Venti, elabora un nuovo modello di individuo: l'uomo e la donna soli. Il marketing si è subito adeguato adottando il principio della dematerializzazione del consumo: la tendenza a orientarsi verso prodotti che hanno una minore densità fenomenologica, una minore presenza fisica ma, di contro, una densità simbolica e immaginativa molto più importante. Le porzioni di qualunque cibo si riducono e diventano monoporzioni, da consumare in solitudine con gli auricolari, mentre guardiamo una serie spezzettata sul telefono o sullo schermo del pc; molti prodotti vengono venduti in versione mini (biscotti, bottiglie di vino, salumi) per adattarsi a pratiche che moltiplicano i momenti di fruizione. Gli smartphone hanno dovuto frenare la loro miniaturizzazione perché tastiere troppo piccole diventano impraticabili per le dita umane (ma già i nuovi modelli rispondono ai comandi vocali). Sempre più spesso quel che si consuma sono emozioni, immagini, racconti. La condizione di dipendenza e di sottomissione in cui ci troviamo, nuovi gruppi sociali – formati da persone sole – che il potere degli algoritmi esclude dalle decisioni ma dando l'impressione del massimo di inclusività, si sta perfezionando. I gruppi subalterni subiscono da sempre l'iniziativa dei gruppi dominanti, ma ora di più, ora che ribellarsi e indignarsi significa sfogarsi con un post su Facebook, un tweet, o una foto su Instagram. Il nuovo capitalismo ci vuole soli: a nessuno del resto verrebbe in mente di unirsi o di organizzarsi per contrastare la struttura del consenso così ben architettato dalle corporation digitali. Siamo parti separate che non costituiscono mai un intero e intratteniamo una relazione diversa da quella che lega tra loro elementi di una somma, per il fatto di non considerare (o di considerarla superflua) l'esistenza di un ordine tra le parti, grazie al quale esse formano una costruzione modulata. È la stessa differenza che passa tra i mattoni in quanto parti che costruiscono un muro e i mattoni come unità costitutive di un mucchio. Tutte e due sono fatte di mattoni, ma quelli che fanno il muro contribuiscono a costruire quell'insieme ordinato, quell'"intero" che è appunto il muro (così ben rappresentato da una fotografia di August Sander, 1876-1964, quella in cui un giovane muratore porta sulle spalle un carico simmetrico di parallelepipedi di argilla cotta). Nel mucchio, invece, i mattoni non formano alcun "intero", appaiono ammassati disordinatamente; i loro rapporti sono lasciati al caso, tutto quello che si può dirne è quanti sono. Si direbbe che la consapevolezza della totalità, uno degli aspetti rivelatori del pensiero di Marx quando parla di lotta di classe, è l'obiettivo principale contro cui si scaglia il capitalismo digitale, impegnato a dividere e a frammentare nell'illusione paradossalmente instillata in noi di appartenere a una comunità tanto grande e passibile di ingrandirsi, quanto astratta. La matematica, i numeri prodigiosi con i quali Zuckerberg millanta democrazia, non sono altro che l'astrazione operata per rinchiuderci nel nostro isolamento (e tutto ha avuto origine dal selfie: con la gratificazione narcisistica del nostro individualismo). Il confronto con le varie parti che costituiscono un intero e l'intero nel suo complesso restano appannaggio di un capitalismo che evolve verso un'unità del mondo sempre più fittizia, dove la rappresentazione del reale si sovrappone al reale stesso. Mentre il capitalismo autoritario lascia il posto a questa nuova forma di capitalismo edonistica e permissiva, la sfera privata muta di significato, l'individualismo si estremizza nel narcisismo, in complicazioni psicologiche che conducono a una solitudine emancipata da qualsiasi inquadramento, devitalizzata, spoliticizzata. Vivere nel presente, senza alcuna connessione con il passato né progettazione per il futuro, nella perdita di qualsiasi continuità storica, è quello cui dobbiamo conformarci, rinchiudendoci nella nostra sfera privata, interessati al nostro benessere, alla situazione economica personale, ad aspettare il weekend e le vacanze. È interessante che l'avvento della cultura digitale abbia coinciso con un'esaltazione della giovinezza che è andata di pari passo con la svalutazione del passato: sono stati ragazzi di vent'anni a inventare i social network, la ricchezza è a portata di mano di chi ha un'idea, il lavoro, lo studio e la fatica ridicolizzati. Con il pretesto della modernità la solitudine cui ci spingono gli algoritmi appare frivola, popolata di like e di una coscienza epidermica del mondo, fatta di superficiale indifferenza. Il nuovo capitalismo digitale è abile a trasformare il materialismo della società dell'abbondanza in un'espansione soggettiva che, liberando l'individuo da qualunque inquadramento di massa, lo disintegra, isolandolo, ne depotenzia qualunque presa di coscienza, lo rende inerte e "felice". Gli algoritmi premiano l'esibizione di questa presunta felicità sui social, dove prevale l'atto di comunicare sulla natura di ciò che si comunica, con il mittente che fa di sé stesso il proprio destinatario principale. Comunicare per comunicare, nella sparizione di qualsiasi appartenenza e antagonismo di classe, pronti a essere sfruttati senza saperlo, manovrati incoscientemente dalla dittatura invisibile degli algoritmi.

APPENDICE
L'intelligenza artificiale spiegata agli operAI

Lo scorcio di storia digitale che stiamo vivendo vede l'affermarsi di un'ideologia dell'immateriale che vorrebbe colonizzare il mondo intero ("Digital first" dice lo slogan di banche, imprese, fabbriche, istituzioni), ma che si trova contraddetta nei fatti da una materialità che necessita di gigantesche strutture produttive. Ancora il 40% dell'umanità non ha accesso a Internet, perché nessun interesse finanziario si prende in carico la digitalizzazione di aree depresse, fino a che non siano almeno funzionali a qualche business.

Il capitalismo industriale sussiste, insidiato da quello digitale che si espande, guadagnando aree di potere sempre più vaste e cambiando il lavoro, le relazioni, sovvertendo la filiera tradizionale. La storia ha sempre visto due classi (dominante e subalterna) combattersi, perché il carattere sociale della produzione, cioè il fatto che il prodotto del lavoro sia opera di molti uomini e sia destinato a molti uomini, è in contraddizione con la concentrazione in poche mani dei mezzi per produrre questa ricchezza.

La storia insegna che ogni forma di società corrispondente a un determinato modo di produzione è sempre transitoria. È stata transitoria durante la rivoluzione industriale, lo sarà anche per questa rivoluzione digitale. Si vive una fase di eccezionale cambiamento, per poi evolvere verso qualcos'altro. La fase che stiamo vivendo vede la concentrazione della ricchezza nelle mani di pochi, e questa non è una novità. La vera novità è la sparizione della classe antagonista e della sua dialettica con il capitale digitale. Il quale, nel perseguire la sua missione totalizzante, l'ha presa larga. Ha cominciato diffondendo la buona novella del nuovo umanesimo tecnologico, dell'automazione che avrebbe sollevato l'uomo dalla fatica, predicando da San Francisco il vangelo hippy: le prime start up volevano salvare il mondo, mica fare affari. Gli imprenditori erano tutti ragazzi, con i capelli lunghi e le infradito, lontani anni luce dagli industriali che arrivavano in fabbrica con la macchina guidata dall'autista. I campi di applicazione avevano a che fare con il tempo di lavoro: la tecnologia accorciava i processi, il fax rendeva obsoleta la telescrivente, il pc la macchina da scrivere, le mail sembrava liberassero tempo per sé, le funzioni di ChatGPT ancora di più. Non si poteva non guardare con simpatia a questo tipo di progresso: se l'arrivo delle macchine durante la rivoluzione industriale aveva spaventato a morte l'uomo, che si vedeva messo da parte, ora la tecnologia si caricava di positività e faceva alleati proprio tra le classi subalterne, che vedevano nei robot buoni e nei chatbot che dialogano con noi umani un riscatto invece di una minaccia, e in Steve Jobs un amico, invece del prototipo di imprenditore che ti vuole sfruttare come tutti.

È Jobs che ha sdoganato la figura del nuovo capitalista tecnologico, cominciando dall'abbigliamento: niente giacca e cravatta, ma semplici T-shirt, jeans e sneakers, a significare la prossimità con le persone comuni. Guardando certe performance di Jobs davanti alla forza vendita di Apple, si resta ammirati dalle sue capacità di plagio: sembra impossibile che quello spilungone, acclamato come una rockstar, che balla e attraversa il palcoscenico delle convention indossando a volte addirittura i pantaloni corti (vedere su YouTube "Prova a non ridere con i momenti epici di Steve Jobs!", "Steve Jobs gets mad" e molti altri video) sia stato il capo di un'impresa che oggi è arrivata a generare "97,3 billions of dollars and a record of +9% compared to the previous year" (dati di bilancio 2022).

Le start up tecnologiche peace & love erano guidate da un imprenditore-amico, si mettevano le basi per silenziare conflitti, attriti, sindacalizzazione nelle masse dei nuovi lavoratori digitali e in quelle dei nuovi consumatori che godevano i frutti di questo lavoro. La società si informatizzava a grande velocità, mentre la nascita dei social network forniva la valvola di sfogo all'eventuale dissenso. Sono usciti recentemente diversi libri che raccontano il disincanto di aver scoperto che l'*ethos* sovversivo, controcorrente e tecno-utopista della Silicon Valley, altro non era che l'aggiornamento di una strategia commerciale che invece di vendere cose vendeva dati, con i social network che fatturavano più della Nike e della Coca-Cola. Non che queste rivelazioni si siano mai trasformate in rivoluzioni, gli impiegati di Facebook raccontati per esempio da Anna Wiener in *La valle oscura* (2020) quando non ne potevano più se ne andavano, qualcuno come lei scriveva un libro per denunciare sfruttamento, maschilismo, mobbing (tutto l'armamentario divide et impera del vecchio capitalismo industriale); nessuno che abbia mai pensato di unirsi a qualcun altro per far valere i propri diritti. Poco di rivoluzionario, in effetti. Dalla Silicon Valley fino alla non lontana Seattle, Internet ha espresso la *way of life* americana dall'inizio degli anni Novanta in poi nella sua profondità: un misto di competenze tecnologiche e di stile di vita *middle class* tipo villetta con giardino e barbecue, alle origini, come abbiamo accennato, vicina ai movimenti di controcultura che avevano le loro radici nell'underground della costa Ovest negli anni Sessanta; ma subito ripudiati, non appena si palesa la possibilità di fare soldi, molti, e in un modo, come dice la Wiener, "dove non era chiaro se stavamo lavorando mentre facevamo festa o se stavamo facendo festa mentre lavoravamo". Ognuno impegnato a tirar fuori dalla tecnologia quel che gli serve di più per dar corpo principalmente ai propri interessi, "uomini animati da cieca ambizione senza nessuna esperienza professionale, che si scambiavano insegnamenti basati su aneddoti e consigli sotto forma di elenchi puntati". Praticamente un grande compromesso tra i "piccoli" e i "grandi", sia sui problemi economici che sulle libertà democratiche: la dittatura tecnologica che fomenta l'opportunismo, in un mercato del lavoro sempre più fluido, che consente cambi senza rischi, ma che frantuma la classe dei lavoratori, facendoli sentire piccoli imprenditori di sé stessi, alle prese con un lavoro immateriale, quasi di tipo intellettuale, che sembra a tutti un'evoluzione, con lo slogan "In Meritocracy We Trust", che mette la parola fine a secoli di lotte operaie.

La trasformazione del capitalismo tradizionale in entità digitale indebolisce la lotta antagonista che opponeva le classi subalterne a quelle dominanti. Il capitalismo delle media company e della società dell'informazione spalma su un unico agglomerato globale di utenti la sua potenza unificante. Sembriamo tutti uguali: sui social network le classi paiono come per incanto scomparire, con la cancellazione virtuale delle disparità sociali. Tra ricchi sempre più ricchi e poveri sempre più poveri, nel mezzo, l'enorme massa di noi, nuovi operAI, che dobbiamo adeguarci a un modo nuovo di affrontare il lavoro e di consumare il tempo libero.

Il capitalismo ha già stravinto, nell'era digitale che stiamo vivendo. I milioni di persone che vivono in condizioni economiche riconoscibili dal loro stile di vita, dai loro interessi e dalla loro cultura, hanno smarrito la coscienza di classe, non sono più antagonisti degli altri diversi da loro, perché più evoluti, più ricchi, più colti: si ingegnano piuttosto ad occultare sui social le differenze, provando a somigliare ai privilegiati, ma non secondo il vecchio principio della mobilità sociale, quella spinta che garantiva un tempo i passaggi da una fascia di reddito a una superiore: dando per scontato che l'uguaglianza sia già realizzata, sui nostri profili social, dove postiamo tutti le stesse foto.

La globalizzazione ci ha messo del suo: quando in qualsiasi posto del mondo si trovano Apple, Vodafone, Coca-Cola e Nike, quando qualunque cosa si può comprare, in ogni luogo, dai marketplace raggiungibili dai nostri smartphone, ecco che individui di etnie, lingue, culture ed estrazioni sociali diverse diventano le merci che comprano, che non sono più solo oggetti ma modelli di stili di vita: smettono di essere classi e diventano community.

Questo passaggio dall'organizzazione del proletariato al reclutamento sui social di una massa di utenti poco o per nulla interessati a far valere i loro interessi nel loro proprio nome, questo spostamento dalla lotta di classe alla class action, questa evoluzione dalla rabbia sociale al corporativismo antagonista spiegano come il nuovo capitalismo digitale lavori per illuderci di essere sempre più liberi; come diventi sempre più accentrato nelle mani di pochi dando l'impressione di favorire lo spirito d'iniziativa di molti; come incoraggi l'individualismo senza relazioni, mascherandolo con il *social sharing* e ci spinga a essere sempre più soli.

Gli algoritmi, classificando il genere umano in base ai click che dispensa principalmente su cose da comprare, sono perfettamente funzionali a questa nuova forma di sfruttamento: rinchiusi in bolle, che diventano comfort zone, siamo portati a credere che il mondo coincida con le nostre predilezioni e abbiamo sempre meno voglia di discutere, per non dire di combattere, sempre meno desiderio di confrontarci con chi è diverso da noi. La coscienza di classe devia perciò in varie direzioni: diventa per esempio coscienza di genere, con interminabili discussioni su quale simbolo attaccare sulla porta dei bagni destinati a persone, non uomini non donne, che non si riconoscono nel sesso di nascita; con testi scritti che rischiano l'incomprensibilità a forza di asterischi per rispettare la non-binarietà di alcune minoranze; con i movimenti antirazzisti che si radicalizzano nella lotta contro i bianchi.

Il soddisfacimento di alcuni bisogni immediati aiuta a eludere qualunque tentazione di introspezione, qualunque dubbio possa sorgere su chi decide i destini del mondo e su che ruolo giochiamo noi, in questa partita. Le idee di chi comanda sono infatti, in ogni epoca, dunque anche nella nostra, le idee dominanti. Dalla Silicon Valley si propagano potenza materiale (smaterializzata però, secondo la vulgata che racconta l'immaterialità del digitale) e spirituale. Gli Zuckerberg possiedono mezzi di produzione materiale e intellettuale e spacciano per eterno ciò che sicuramente è transitorio, come se la Rete fosse il destino del genere umano, invece che la necessità temporale di questa generazione; come se non si sapesse che sarà proprio lo stesso capitalismo digitale a farla fuori per sostituirla, quando sarà obsoleta, con qualcos'altro.

Un pool di eccellenze accademiche della Johns Hopkins University, del Georgia Institute of Technology e della Washington University ha dimostrato che gli algoritmi, queste entità matematiche emanate dall'AI, hanno un'anima. E, spesso, è un'anima classista. Le macchine, si sa, sono fatte per elaborare dati: se registrano un numero maggiore di volti afro-americani, rispetto ai caucasici, associati alla parola "assassino", ecco che l'algoritmo diventa razzista, per lui gli assassini sono neri. Per la stessa ragione tutti i filippini sono camerieri, tutte le estetiste cinesi. I modelli imperfetti della rete rischiano di trasferire nel cloud gli stereotipi che ci affanniamo a combattere nella vita vera. Molti sistemi di Intelligenza Artificiale per il riconoscimento di persone e oggetti usano set di milioni di dati gratuiti disponibili in Rete: è facile perciò che gli algoritmi vengano "indirizzati", con risultati non oggettivi.

La storia del Dipartimento di Polizia di Chicago che usò un software per il riconoscimento facciale per cercare di individuare presunti criminali, finendo per mettere nella lista dei sospettati metà degli abitanti di colore della città, spiega bene questa anomalia. Gli algoritmi lavorano sull'accumulo e la storia, per loro, è fatta di numeri: basandosi sul pregresso, tendono a perpetuare le stesse meccaniche, se l'uomo smette di esercitare un controllo, lasciando alle macchine l'autonomia di elaborare i dati nell'unico modo che conoscono. Ad algoritmi liberi e pre-codificati si aggiungono nuovi comandi, senza preoccuparsi di verificare se contengono elementi discriminatori, nati da pregiudizi o semplicemente scaturiti dal fatto che modelli nati per uno scopo siano usati per un altro.

Ci sarebbe bisogno di una nuova classe di ingegneri-filosofi-antropologi-avvocati capaci di applicare i principi etici frutto delle conquiste del genere umano agli schemi degli algoritmi, mettendo loro dei vincoli, codificando matematicamente i nuovi valori, per impedire che la supposta neutralità dei numeri perpetui cliché e discriminazioni. I dati prodotti dagli utenti dei social network diventano preda dell'AI, basata su metodi di apprendimento non supervisionato (*machine learning*), e finiscono per propagare pregiudizi: attraverso il *word embedding* (letteralmente "immersione di parole"), un insieme di tecniche di modellazione in cui parole o frasi di un vocabolario vengono mappate in vettori di numeri, si può dimostrare che gli algoritmi, addestrati su basi testuali di dati diffusi, tendono ad associare le parole replicando stereotipi di genere, sessuali, etnici poiché operano connessioni tra i vari termini secondo la probabilità della loro distanza nei *training set*. Poiché nei dati contenuti in questi set di prova ci sono già valori noti relativi al modello di cui si desidera eseguire la stima, è facile incorrere nella ripetizione pregiudiziale del risultato. Lo schema di significato che li ha mossi li induce perciò a restituire una rappresentazione stereotipata dei dati relativi a persone tratti dai social network. Sono questi motori di classificazione massivi, quelli gestiti su scala globale da società tecnologiche private, come TikTok, Facebook, Google, basati non solo sulle parole ma anche sulle immagini, a contenere una enorme quantità di categorie classificatorie, tra cui quelle relative a razza, età, nazionalità, professione, condizione economica, comportamento, carattere e perfino moralità.

Gli algoritmi presentano queste categorie come logiche, capaci semplicemente di essere riconosciute, ma sorvolano sul fatto che la politica è surrettiziamente inserita in questa dialettica classificatoria, perfino anche quando parole o immagini non sembrano offensive.

Quando le persone vengono classificate in base ai numeri e vengono etichettate e rimpacchettate per gli usi commerciali che le corporation vogliono farne, si arriva a un approccio per forza di cose deformante, che comprime e semplifica la complessità insita in ogni immagine, in ogni profilo. Anche quando vengono corretti i casi peggiori (l'algoritmo può costringerci in descrizioni che non ci appartengono e possiamo ritrovarci, in base alle sue sconosciute decisioni, "cleptomane", "prostituta", "perdente", "depresso", così come possiamo essere "avvocato", "sportivo", "figlio unico"), l'approccio rimane fondamentalmente costruito su un rapporto di tipo estrattivo, con dati che restano separati dalle persone e dai luoghi da cui provengono e che sono elaborati attraverso una visione tecnica del mondo, come se fosse il massimo dell'oggettività. Il potere che deleghiamo agli algoritmi occulta la fragilità, tecnica e di metodo, che sta alla loro base, le priorità commerciali con le quali sono stati progettati e i molteplici processi politici di categorizzazione che li caratterizzano. Questi schemi di classificazione – che neppure percepiamo – mettono in atto e supportano le strutture di potere che li hanno creati, per rispondere alle loro precise esigenze di profitto e il potere non concede nulla che non sia stato oggetto di rivendicazioni. Il primo passo è quindi acquisire consapevolezza di questi temi per arrivare a determinare il modo corretto – se esiste – in cui i sistemi di Intelligenza Artificiale dovrebbero elaborare una rappresentazione del sociale.

Gli algoritmi, entità matematiche; la ricchezza, entità astratta sempre presente in rete come possibilità: ma Internet è e rimane un'infrastruttura tutt'altro che evanescente; ormai si sa che si tratta di un insieme di impianti molto fisici, migliaia e migliaia di chilometri di cavi di proprietà di provider che sono nel business con il solo obiettivo di guadagnare denaro (e lo guadagnano facendosi pagare l'accesso a queste infrastrutture con dei fisicissimi pedaggi), centri logistici e data center divoratori di energia, lavoro umano.

Fino a quando la Rete sarà conveniente? Non dobbiamo fare l'errore di credere nell'eternità della Rete, poiché è proprio la tecnologia ad abituarci alla rapida obsolescenza degli strumenti, che lei stessa propone e distrugge, passibili di adeguamenti, mutazioni, sparizioni, rinascite sotto nuove forme.

Nota dell'autore

Quattro capitoli sono rielaborazioni di articoli usciti sui magazine online «Doppiozero» e «Minima&Moralia» e sul quotidiano «Il Foglio».

Grazie a Giovanni Agosti, a Germano Maifreda e a Fabrizio Andreella. Dedico questo libro ai miei figli Alessandro, Lavinia Elizabeth e Jacopo.

—L'AUTORE

Paolo Landi, autore del recente *Instagram al tramonto* (La Nave di Teseo), si occupa professionalmente di comunicazione e ha pubblicato vari libri sull'uso consapevole dei media (Lupetti, Sperling & Kupfer, Einaudi, Bompiani, La Scuola). Collabora a quotidiani e riviste e scrive abitualmente sul magazine online «Doppiozero».

www.krillbooks.com